怪咖 心理學 之

THINK A LITTLE,
CHANGE A LOT

59秒的練習，
靠表情、姿勢和小動作
輕鬆翻轉工作與人生！

88
SECONDS

RICHARD
WISEMAN

謹此致謝

沒有許多人的協助與支持，不可能有本書的出版。首先，我要感謝經紀人派翠克·瓦許（Patrick Walsh）、編輯理查·米爾訥（Richard Milner）與強·巴特勒（Jon Butler）、媒體大師達斯提·米勒（Dusty Miller）的建議與指導。謝謝克萊夫·傑夫瑞斯（Clive Jeffries）與艾瑪·葛林（Emma Greening）在每階段提供獨到的意見，波提雅·史密斯（Portia Smith）在一切事物中扮演要角，吉姆·安德當（Jim Underdown）與史賓瑟·馬克斯（Spencer Marks）量了那麼多名人的手，羅傑·海菲爾德（Roger Highfield）幫忙探索姓氏的心理，瑞秋·阿姆斯壯（Rachael Armstrong）對浪漫的精闢見解，山姆·墨菲（Sam Murphy）幫忙發掘吸引力與運動之間的關係。最後，一如往常，我要特別感謝卡洛琳·瓦特（Caroline Watt）做了許多超出她職責範圍的工作，謝謝妳。

contents

序

揭開勵志的奧祕，蘇菲的問題，迅速改變的可能

你想改善生活嗎？或許是減肥、找個完美伴侶、找到理想工作，或是變得更快樂？試試這個簡單的練習：

閉上眼睛，想像一個新的你。想想你穿上合身的名牌牛仔褲有多好看，和布萊德‧彼特或安潔莉娜‧裘莉約會，身為公司的大老闆，坐在豪華皮椅上，或是在加勒比海，一邊啜飲著雞尾酒，一邊讓溫暖的海浪輕輕拍打著你的腳。

勵志（self-help）產業裡，有些人建議類似做法已經好多年了。只不過如今很多研究顯示，這種方式其實沒什麼效果，可能還會有害。雖然教你想像完美的自己可能會讓你覺得好過一些，但是這種心理逃避也可能產生不良的副作用，在邁向成功的艱辛道路上，讓你碰上困難時難以招架，並增加你在遭遇第一個障礙就敗陣而退的機率，而不是愈挫愈勇。想像人間天堂可能讓你露出一抹微笑，卻不可能幫你美夢成真。

有些研究指出，很多宣稱可以幫你改善人生的勵志技巧也沒有效果。想靠壓抑負面想法來「讓自己快樂」，可能讓人更加惦記著不開心的事。集體腦力激盪而產生原創的點子可能比獨自思考時更少。搥打枕頭、大聲叫出來可能讓人更生氣、壓力更大，而非平息怒火。

另外，還有那個著名的「耶魯目標研究」（Yale Goal Study）。有些作家提到，一九五三年，一群研究人員訪問耶魯大學即將畢業的大四生，問他們有沒有寫下想達成的特定人生目標。二十年後，這些研究人員追蹤調查同一批受訪者，發現之前寫下特定目標的學生（佔全體3%），這二十年來累積的個人財富比其他97%的同學加起來還多。這是個很棒的故事，勵志類書籍與研討會上經常引用這個案例來說明目標設定的力量。只不過這裡有個小問題——這實驗其實沒發生過。二○○七年，《高速企業》（*Fast Company*）雜誌的作家羅倫斯‧塔巴克（Lawrence Tabak）想追蹤這項研究的始末，他聯絡了幾位引用過耶魯個案的作家、一九五三年的耶魯大學祕書，以及其他想探討那研究是否真的發生過的研究人員。沒人能提出任何證據證明曾經有進行過那種研究，所以塔巴克推論，這基本上是個毫無根據的傳聞。一直以來，那些勵志大師都很樂於提出這些故事佐證他們的論點，而不去求證那個研究是否真的存在。

多年來，大眾與商業界都對現代心理的迷思深信不疑，這也降低了他們達成目標與抱負的可能。更糟的是，失敗往往讓人更加相信他們無法掌控自己的人生，那實在很可惜，因為即使只是覺得自己失去一點點控制的能力，也可能會對自信、快樂、壽命造成很大的影響。哈佛大學（Harvard University）艾倫‧南格（Ellen Langer）做過一項經典的研究，他們給療養院一半的院友每人一盆室內盆栽，叫他們好好照顧；也給另一半的院友每人一盆，但告訴他們院方會負責照顧盆栽。六個月後，被剝奪這點小小掌控權的院友變得比較不快樂，不健康、不活躍。更令人難過

的是，沒照顧盆栽的人中，後來有30%過世了；獲准照顧盆栽的人中，僅15%過世。類似的結果也出現在許多領域，例如教育、職場、健康、關係、飲食等等。這裡傳達的訊息很明顯：覺得自己無法掌控生活的人比較沒有成就，身心方面也比較不健康。

幾年前我和友人蘇菲共餐，蘇菲是一位三十幾歲的成功女性，在管理顧問公司裡擔任資深顧問。用餐時，蘇菲提到她最近買了一本暢銷書，是教人如何變得更快樂，她問我對那些勵志方式的看法。我說我對某些被用來佐證快樂技巧的科學研究頗為存疑，也提到若改變失敗可能造成很大的心理傷害。蘇菲看起來有點擔心，問我理論心理學在改善人生方面是否有比較科學化的佐證方法。於是我開始說明學術上針對快樂曾做過的一些複雜研究，講了約十五分鐘後，蘇菲打住我。她客氣地說，我講的雖然有趣，但她平常很忙，問我有沒有不需要花太多時間就能實踐的有效建議。我問她還有多少時間聽我說，蘇菲看了一下錶，笑著回答：「大約一分鐘，可以嗎？」

蘇菲這一問，讓我停下來思考。很多人對自我成長很感興趣，因為這類東西為生活上的多種議題提供了迅速簡單的解決方法。可惜，大多數理論心理學要不是沒探討這些議題，就是提出比較費時、複雜的解答（所以伍迪・艾倫的電影《傻瓜大鬧科學城》（Sleeper）裡才會出現以下的劇情：伍迪・艾倫飾演的角色發現他在兩百年後的未來醒來，嘆口氣說，這兩百年間他若是接受治療，病早就好了。）我也在想，學術期刊裡有沒有提過什麼訣竅與技巧是經過實驗證明，又可以迅速落實的。

後續幾個月，我仔細研究無數本期刊，翻閱許多心理學領域

的學術論文。我檢視這些研究時，發現一個滿有希望的模式：有好幾個不同領域的研究人員在探索幫人迅速達成目標與抱負的方法，亦即在幾分鐘內達成，不必花好幾個月。於是，我從許多不同的行為科學領域，蒐集了數百份研究，從心情到記憶，從說服到拖延，從復原到關係等等，這些研究整體而言代表著一種迅速改變的新科學。

在訓練課程上，我常講一個老掉牙的故事。那故事是描述一個人想修理故障的鍋爐，他努力修了好幾個月都修不好。最後他放棄了，決定找專家來修。工程師一來，在鍋爐上輕輕拍一下，後退一步，鍋爐就開始運作了。工程師開帳單給那個人，那人說他應該只付一點錢就夠了，因為工程師沒兩三下工夫就把鍋爐修好了。工程師冷靜地解釋，他付的不是他拍打鍋爐的時間，而是他多年的經驗，讓他知道該拍哪裡。就像工程師拍打鍋爐那樣，本書提到的技巧顯示，有效的改變不一定要花很多時間——事實上，可能不用一分鐘就夠了！你只需要知道該怎麼做而已。

CHAPTER I

快樂 Happiness

第一章
快樂

正面思考為何經常失敗？
快樂只需要靠一支鉛筆，寫完美日記、
做點小善舉、培養感恩的心。

快樂為什麼重要？首先，快樂的定義就是會讓人感覺好過一些。不過，不只是這樣而已，快樂不僅讓你更享受人生，也會影響你生活與事業上的成就。

幾年前，加州大學（University of California）的索尼雅‧柳波莫斯基（Sonja Lyubomirsky）與同仁著手檢閱數百份的研究紀錄，在這些研究中，他們鼓舞受測者，然後追蹤這種新的喜悅有什麼效果。他們用盡各種方法讓受測者快樂，例如讓他們聞剛採的鮮花、朗讀正面的肯定句（「我真的是好人」）、吃巧克力蛋糕、跳舞或觀賞喜劇。有時他們使用伎倆，告訴受測者他們智力測驗的成績特別好、或讓他們「碰巧」在路上撿到錢。無論是用什麼方法，結果都很明顯：快樂不僅源自於成功，其實也是促進成就的原因。

柳波莫斯基從二十五萬名受測者的資料中發現，快樂的好處相當驚人。快樂讓人更喜歡和人社交往來，更大方無私，更喜歡自己與別人，改善解決衝突的能力，還可以強化免疫力。久而久之，這些效果逐漸累積，讓人擁有更滿意、更和諧的關係，找到

特別有成就感的工作，也變得更健康長壽。

既然快樂有益情緒，也有具體的好處，大家當然都希望自己快樂一點，但什麼是讓你永遠保持笑容的最好方法呢？

問大部分的人這個問題，你很可能得到三個字的答案：「更有錢」。研究一再顯示，「更有錢」一直高居快樂的「必要」清單，但是快樂真的可以用錢買到嗎？還是，金錢渴望注定讓人失望？

一九七〇年代，西北大學（Northwestern University）的菲力普・布里克曼（Philip Brickman）與同仁做了一個特別的實驗，提供了部分的解答。布里克曼想知道，人在實現財富夢想時，他們的快樂程度會有什麼變化。天外飛來一大筆橫財時，真的可以讓人長期笑逐顏開嗎？還是等新財富變得平凡無奇時，最初的興奮感也會迅速消逝？布里克曼聯絡一群曾經中過伊利諾州彩券大獎的人，其中有好幾人更是百萬彩金的得主。他也從伊利諾州的電話簿裡隨機抽樣相同的人數，當做對照組。他請每個人評估自己的快樂程度，以及預期自己未來有多快樂。此外，他也問他們從日常生活的樂趣中獲得多少歡樂，例如和朋友聊天、聽到好笑的笑話、受到讚美等等。這個實驗結果讓人清楚了解快樂與金錢的關係。

結果和一般認知相反，中彩券大獎的人並沒有比對照組的人快樂或不快樂。請他們預期未來有多快樂時，實驗組與對照組也沒什麼顯著的差異。事實上，他們唯一的差別是：比起中大獎的人，對照組的人更能從日常簡單事物中獲得樂趣。

中彩券大獎雖然讓人獲得財務保障，畢竟比較罕見，所以有

些心理學家也觀察那些工作致富者，了解他們的收入與快樂之間的關係。

部分研究是進行大規模的國際調查，請各國的人評估自己的快樂程度（通常是以一到十分的等級評量，從「非常不快樂」到「非常快樂」），然後以各國的平均快樂等級相對於他們的國民生產毛額（GNP）繪製圖表。結果顯示，貧國人民雖然沒有富國人民快樂，但是一國的GNP超過一個普通的水準後，財富與快樂之間的關係就消失了。有些研究檢視薪資與快樂之間的可能關係，發現模式也是相同的：大家一旦有能力支應生活的必需品後，收入增加並不會讓人快樂許多。

為什麼會這樣？部分原因在於，我們很快就習慣了自己所擁有的一切。買新車或更大的房子可以短暫地提升愉快的感覺，但我們很快就會習慣，回復到購買前的快樂水平。誠如心理學家大衛‧麥爾斯（David Myers）所說的：「因為我們有能力為愈來愈多的名利調適自我，昨日的奢華可能很快就變成今日的必需品與明日的紀念物。」如果金錢不能買到快樂，什麼是讓人永遠笑逐顏開的最好方法？

研究顯示，你整體的快樂感受約有一半是先天遺傳的，無法改變；另外的10%則源自於一般條件（教育程度、收入、單身與否等等），但是這些也很難改變；而最大的好消息是，剩下40%的快樂指數源自於日常行為，以及你對自己和他人的觀感。只要稍微了解自己，就可以迅速改變這一大塊比例，讓你在幾秒內就變得更快樂。

問題是，一些勵志書與自修課程所提出的建議大多和科學研

究的結果相左。以正面思考為例，想要快樂，真的只要摒除腦中的負面思想就行了嗎？其實研究顯示，壓抑想法反而更有可能讓人覺得悲慘，而不是減少哀傷。

一九八○年代中期，哈佛心理學家丹尼爾‧維格納（Daniel Wegner）偶然看到一句含糊卻發人深省的話，那是杜斯妥也夫斯基的著作《冬記夏日印象》（Winter Notes On Summer Impressions）中的句子：「試著讓自己不去想北極熊，你會發現那該死的東西每分每秒都在你的腦中，揮之不去。」維格納決定做一個簡單的實驗，證明是不是真的如此。他找來一群自願受試者，讓他們獨自一人坐在房間裡，叫他們想任何東西，就是不要去想杜斯妥也夫斯基的北極熊，每次一想到不該想的熊時，就按一次鈴。沒多久，答案即顯而易見，實驗室裡鈴聲此起彼落，這顯示杜斯妥也夫斯基說的沒錯：試圖壓抑某種想法，反而讓人惦記著想迴避的主題。

其他研究也顯示這個效果在現實生活中如何運作。紐約漢彌爾頓學院（Hamilton College）的珍妮佛‧波頓（Jennifer Borton）與伊莉莎白‧凱西（Elizabeth Casey）做過一個研究，顯示這種效果如何明顯地影響人的心情與自信。波頓與凱西先請一組人描述自己最糟的一面，然後叫其中一半的人在之後的十一天裡，努力摒除這樣的想法；另一半的受測者則繼續照常過日子。每天結束時，他們請每個人說說自己有多常想起那些糟糕的想法，並評估心情好壞、不安的程度與自尊心的高低。實驗結果和維格納的結論相似，想積極壓抑負面想法的人，其實更常想起負面的事。相較於照常度日的那一組，壓抑組也比較不安，心情

容易沮喪，自尊心比較低落。二十多年來的研究顯示，日常生活中很多方面都有這種矛盾的現象，例如，叫減肥者不要想巧克力，他們反而吃得更多；叫社會大眾不要選笨蛋擔任公職，反而鼓勵他們投票給喬治‧布希。

　　既然壓抑思想並非正途，你還可以做點什麼？有一種作法是把心思放到其他的地方：陪陪家人、參加派對、投入工作，培養新嗜好等等。這個技巧通常可以讓你在短期內變得更快樂，不過可能無法帶來長期的滿足。所以，研究建議，你需要知道如何使用一支鉛筆，寫完美日記，做點小善事，培養感恩的心。

寫完美日記

為什麼談論創痛的經驗毫無效果，但書寫出來卻能產生如此大的效益？簡而言之，用說的可能讓人更加混淆，用寫的可以鼓勵人採取比較系統化、解決導向的方式。

　　每個人一生中都會有些不愉快的經歷與創痛。或許是多年的感情告吹、摯愛的人過世、遭到裁員，或者真的倒楣到同時碰上這三種厄運。一般常識跟許多心理療法都認為，讓人繼續向前走的最好方法，是攤開痛苦和人聊聊。採用這種「合作分擔，困難減半」方法的人認為，抒發情緒有淨化心靈的效果，幫助人們釋放負面的情緒，向前邁進。這是不錯的想法，直覺也認為應該有很大的吸引力。調查顯示，有九成的人認為向人訴說創痛有助於減輕痛苦。但事實真是如此嗎？

　　為了找出答案，比利時魯汶大學（University of Louvain）的艾曼紐·柴克（Emmanuelle Zech）與伯納·萊姆（Bernard Rime）做了一個很有意思的重要研究，他們請一群受測者找出一件過去的負面經驗。為了讓研究盡可能寫實，他們要求受測者不要選擇一些微不足道的事，例如錯過火車或找不到停車位之類的，而是「人生中讓他們情緒最低落的事，是他們一直念念不忘，需要拿出來談談的經歷」。例如，生離死別、生病、受虐等等嚴重的事情。然後，他們叫一組受測者和安排過的實驗者長談那個創痛事件；另一組受測者則是聊一些比較平常的話題——像

是一般日子。一週後跟兩個月後，大家都回到實驗室，填寫多種問卷，衡量他們的情緒狀態。

花時間談過創痛事件的受測者普遍認為，那次長談對他們有所幫助，然而多樣的問卷結果顯示，並不是那麼一回事。事實上，長談並沒有給予任何有意義的影響。雖然受測者覺得，和人分享負面的情緒經驗是有益的，但是那對他們因應這些事件的能力毫無助益，和閒聊一般日子並沒有什麼差別。

所以，如果和有同情心但沒受過訓練的人聊負面經驗其實是浪費時間，我們要怎樣才能減輕過去的痛苦呢？就像我們在本單元一開始所說的，一心想要壓抑負面的想法，結果可能更糟。其實我們還有另一種選擇，那就是「表達性寫作」（expressive writing）。

在幾個研究中，實驗者鼓勵曾經受過創痛的受測者，每天花幾分鐘，用日記的形式描述他們對事件的最深層想法與感覺。例如，在某個研究中，研究人員請剛被裁員的受測者思考他們對於失業的最深層想法與感受，例如對他們的生活與專業產生的影響。這類書寫簡單而且迅速，然而實驗結果顯示，受測者都可以感受到身心狀態有明顯的改善，例如健康問題減少、自信心增強，也變得更快樂了。這結果讓心理學家深感不解：為什麼談論創痛的經驗毫無效果，但書寫出來卻能產生如此大的效益？

從心理學的觀點來看，思考與書寫是截然不同的。思考往往是毫無組織架構、沒有條理，甚至是雜亂無章的。相反的，書寫可以鼓勵人構思情節與架構，幫人明白發生了什麼事並且尋求解決之道。總之，用說的可能讓人更加混淆，用寫的可以鼓勵人採

取比較系統化、解決導向的方式。

這個方法對不幸經歷過真正創痛的人來說，顯然很有幫助，但同樣的方法也可以讓人平常變得更快樂嗎？以下三個不同但相關的研究顯示的確是如此。

感恩心

首先，我們來研究感恩的心理。讓人一直聆聽某種聲音、觀看某種影像或聞某種味道，都會出現非常特別的現象：他們會漸漸習慣，最後完全無法感受到那東西的存在。例如，你走進一個房間，房裡都是剛出爐的麵包香味，你馬上就會聞到那令人愉悅的味道。不過，在那房間待上幾分鐘後，麵包的香味似乎就不見了。事實上，想要再聞到那味道，唯一方法是離開房間，再進來一次。同樣的概念也可以應用到生活的許多層面，包括快樂。每個人都有值得高興的事，或許是有個鍾愛的伴侶、身體健康、孩子優秀、工作滿意、要好的朋友、有趣的嗜好、關愛自己的父母、有棲身之所、有乾淨的水可以飲用、有張比利・喬（Billy Joel）簽名的專輯，或者得以溫飽等等。不過，久而久之，每個人都會習慣自己擁有的一切，就好像剛出爐的麵包香味一樣，腦中完全忘了自己擁有這麼美好的資產。就像俗話說的，失去後才知道曾經擁有。

心理學家羅伯・艾曼斯（Robert Emmons）與麥可・麥科勞（Michael McCullough）想知道，如果叫大家溫故知新，就像離開有麵包香味的房間再回來那樣，大家的快樂程度會有什麼不同？他們想知道，提醒大家生活中一直存在的美好事物，會有什

麼效果？他們請三組人每週花點時間寫些東西，第一組列出他們感恩的五件事，第二組記下他們困擾的五件事，第三組寫下上週發生的五件事。大家就這樣開始記錄：「感恩組」提到夏日欣賞夕陽以及朋友的寬大為懷；「困擾組」列出繳稅與孩子爭吵等事；「事件組」談到做早餐與開車上班等等。結果很驚人，相較於困擾組和事件組，感恩組後來快樂許多，對未來比較樂觀，身體比較健康，連運動量也大幅增加了。

內在的完美自我

想用書寫的方式讓自己過得更快樂，表達感恩的心情只是其中一種小方法，接觸內在的完美自我也是一種方式。我在序中提過，許多研究顯示，想像完美的未來不太可能增加你達成目標的機會；不過，有些研究指出，想讓自己笑逐顏開，那樣的練習倒是滿有效的。南衛理公會大學（Southern Methodist University）的羅拉·金（Laura King）做過一項經典研究，她請一群受測者連續四天花幾分鐘描述理想的未來，她要求他們想像時要切合實際，但盡可能往好的方向去想，並想像自己達成目標。她請第二組受測者想像曾經發生在自己身上的創痛，請第三組受測者寫下當天的計畫。研究結果顯示，描述理想未來的人比另外兩組快樂許多。之後他們又做追蹤研究，金和同事重做了一次實驗，這次他們請受測者描述生活中最棒的經驗，三個月後評估感受。結果顯示，重溫美好時光的人比對照組快樂許多。

溫情書寫

最後，還有一項研究是探討「溫情書寫」（affectionate writing）的概念。溫情關懷有益身心健康，這道理並不令人意外。不過，那效益是因為被愛、愛人，還是兩者兼有所產生的？為了找出答案，亞利桑納州立大學（Arizona State University）的可瑞‧弗洛以德（Kory Floyd）與同仁要求一群受測者想著他們所愛的人，並花二十分鐘描述這個人為什麼對他們那麼重要。他們請對照組寫出上週發生在他們身上的事。兩組受測者在五週內重複這樣的書寫練習三次，這種簡單又迅速的方式再次顯現驚人的效果，花幾分鐘做溫情書寫的人明顯變得比較快樂，壓力減少，連膽固醇也都大幅降低了。

總之，想要馬上讓自己開心，有些方法可以很快地產生意想不到的明顯效果。感恩、思考美好未來、溫情書寫都是經過科學證明有效的方法，只需要一隻筆、一張紙，還有一下子的時間就行了。

　　為了把有效的書寫技巧融入生活中，我規畫了一套很不一樣的日記。這本日記不是用來記錄過去，而是鼓勵你寫下讓未來更快樂的主題。這本日記應該每週寫五天，每天只要花一點點時間。研究人員指出，寫一週就會馬上發現心情變好，也變快樂了，而且這些改變可以持續好幾個月。當你發現效果開始減弱了，只要再寫一週即可。

週一：感恩日

　　生活中有很多值得感恩的事，包括有幾位好友、有人關愛、有支持的家人、身體健康、有棲身之所、得以溫飽等等。又或者你有熱愛的工作、過去的美好回憶、最近有的不錯的經驗，例如特別好喝的咖啡、陌生人的微笑、愛狗歡迎你回家、享用一頓美食、或停下來聞花香等等。回想上一週，在下面列出你想感恩的三件事。

　　　1. ＿＿＿＿＿＿＿＿＿＿＿＿＿＿＿＿＿＿＿＿

　　　2. ＿＿＿＿＿＿＿＿＿＿＿＿＿＿＿＿＿＿＿＿

　　　3. ＿＿＿＿＿＿＿＿＿＿＿＿＿＿＿＿＿＿＿＿

週二：美好日

　　想想生活中最美好的經驗，或許是你突然覺得很滿足的某個時刻、沉浸愛河、聽到很棒的音樂、看了一場精彩的表演、和朋友共度美好時光等等。選一個經驗就好，想像自己回到那當下，

想像你的感覺以及周遭的情況。現在花點時間寫下那個經驗與你的感受。不要擔心拼字、標點或文法問題,只要把想法寫下來就好。

週三:未來幻想

　　花點時間寫下你的未來生活,想像一切順利發展。要切合實際,想像你努力達成所有的目標,成為你想變成的人,生活與事業感覺都像美夢成真一般。這一切可能無法幫你達到目標,但可以讓你覺得快樂一些,讓你露出微笑。

週四:親愛的……

　　想著生活中對你非常重要的人,他可能是你的伴侶、好友或家人。想像你只有一次機會告訴這個人,他對你有多重要。現在寫一封短信給他,描述你有多愛他,他對你有多重要。

週五:回顧

　　回顧過去七天,記下三件真的很順利的事,那些事情可能很微不足道,例如找到停車位,也可能是比較重要的事,例如獲得新工作或機會。

購物的力量

想要花錢尋找快樂時，最好是花錢買東西，還是花錢買經驗？就短期與長期的快樂的調查都清楚顯示，購買經驗比購買物品給人帶來更多的快樂。

意外地，你的腦中突然冒出四個字：「購物療法」。下一刻，你已經朝最近的鞋店或小玩意賣場走去，深信你即將買到的東西會讓你變得更快樂。但真的是這樣嗎？你買了那雙鞋或最新的高科技隨身聽以後，就真的比較開心嗎？如果是，那新獲得的歡樂又能持續多久？最近的研究清楚地顯示了一致的答案，或許更重要的是，它們也透露了花錢尋找快樂的最佳方法。

心理學家利夫・萬博文（Leaf Van Boven）與湯瑪斯・季洛維奇（Thomas Gilovich）用研究探討，想要花錢尋找快樂時，最好是花錢買東西（流行服飾或最新最酷的智慧型手機），還是花錢買次經驗（出去吃頓飯、買演唱會門票或預定假期）？他們做了一項全國調查，請大家回想他們曾經為了讓自己更快樂而買的一件物品或一次經驗，然後請大家評估那次購買為他們帶來多少快樂。在另一次研究中，他們隨機把受測者分成兩組，請其中一組思考他們最近買的一樣東西，請另一組形容他們買的一項經驗（例如假期），然後以兩套量表衡量最近的心情，一套是從-4（糟）到+4（好），另一套是從-4（難過）到+4（快樂）。兩項研究的結果都清楚顯示，就短期與長期的快樂而言，購買經驗比

購買物品給人帶來更多的快樂。

　　為什麼？我們對經驗的記憶很容易隨著時間扭曲（你會忘卻飛機上的難熬時光，只記得在海灘上放鬆的快樂）；但物品只會變舊、磨損、過時而已。此外，經驗也可以誘發一種最能讓人開心的行為——和別人共度時光。社交往來可能是經驗的一部份，也可能是你事後和人分享時發生的。相反的，購買流行或最貴的新東西，有時反而會疏離羨慕你擁有那些東西的朋友與家人。

　　不過，當你想花錢尋找快樂時，購買經驗的效果優於購買物品，這只是部分的理論而已，現在該來做個簡單的問卷調查了。請花點時間，閱讀下列十項敘述，為每項敘述符合你的程度給個評分。不要花太多時間思考，請誠實作答，不要偷看答案。

評分

（1=極不同意，5=極同意）

1. 我佩服擁有名車與豪宅的人。　　　　　　1 2 3 4 5
2. 我通常會以我買的東西來判斷我過得好不好。　1 2 3 4 5
3. 我愛買一些不見得需要的東西。　　　　　1 2 3 4 5
4. 我喜歡周遭都是豪華的事物。　　　　　　1 2 3 4 5
5. 我覺得如果我擁有更多高檔的東西，
   生活會過得更好。　　　　　　　　　　1 2 3 4 5
6. 有時我會因為買不起某些奢華品而感到困擾。　1 2 3 4 5
7. 買昂貴的東西讓我覺得自己很不錯。　　　1 2 3 4 5
8. 比起對多數朋友與家人的重視，
   我似乎更重視物質。　　　　　　　　　1 2 3 4 5

9.　我願意為名牌多付很多錢。　　　　　　　1 2 3 4 5
10.　我很喜歡擁有讓人另眼相看的東西。　　　1 2 3 4 5

現在把評分加總起來，低分是介於10到20之間，普通是介於21到39之間，高分是介於40到50之間。

※　　　　※　　　　※

所以，這是在測什麼？這份問卷是在衡量你對物質重視的程度。分數高的人通常比較重視物質的擁有，認為那些東西與他們的快樂息息相關，他們會根據一個人擁有什麼來評估自己與他人的成就。相反的，分數低的人對經驗與關係的重視更勝於物質。一如往常，得分不高不低的人，相對來說，他們對精神和物質的追求都不太感興趣。

研究人員花了很多時間觀察大家的問卷得分與快樂之間的關聯，結果和他們擔心的一樣：高分的人通常不快樂，也對生活比較不滿意。當然，並不是每位物質主義者都是如此，如果你剛好得高分，你可能一反常態，相當快活自在也說不定。（不過在下那種定論之前，切記，研究人員也指出，我們做測驗得到負面結果時，通常很擅長說服自己是常態中的例外。）

所以，為什麼會有那樣的趨勢？你可能會覺得那是一直想擁有最新事物的結果。但事實上，問題和花錢本身無關，而是和誰因為那項花費而受益有關。

物質主義者通常比較自我中心。研究顯示，如果你問他們，

假設他們有兩萬英鎊，會怎麼使用？平均而言，他們花在自己身上的錢，是花在別人身上的三倍。另外，請他們針對一些敘述，評估他們喜歡別人的程度時（例如「我喜歡客人待在我家」、「我常借東西給朋友」），他們的評分通常比較自我中心。英屬哥倫比亞大學（University of British Columbia）的伊莉莎白・杜恩（Elizabeth Dunn）做的研究顯示，這可能對他們的快樂有很大的傷害。

杜恩和同仁做了好幾個研究，探討收入、支出、快樂之間的關係。在一項全國調查中，他們請受測者評估自己有多快樂，列出自己的收入，並詳細區分買東西送自己、送別人、公益捐款的金額。在另一項研究中，杜恩衡量員工收到三千至八千美元的紅利前後，他們的快樂與購物型態各有什麼不同。研究結果一再出現同樣的型態：把收入花在別人身上比例較高者，比花在自己身上的人快樂許多。

當然，質疑這點的物質主義者可能會說，研究人員把因果關係搞反了，不是花錢在別人身上會讓你快樂，而是快樂的人會願意多花點錢在別人身上。這麼說也有道理，於是杜恩和研究團隊利用實驗破解這項質疑。在一個簡單但創新的研究中，他們給受測者一個信封，裡面裝了五元或二十元，請他們在傍晚五點前把錢花完。他們把受測者隨機分成兩組，一組是要求他們把錢花在自己身上（例如買禮物犒賞自己），另一組是把這筆意外之財花在別人身上（例如為朋友或家人買禮物）。結果證實「快樂的人會願意花多點錢在別人身上」的論點毫無根據，事實上，把錢花在朋友與家人身上的受測者，比拿錢幫自己買奢華品的受測者快

樂許多。

　　為什麼會這樣？答案似乎和大腦深層有關。奧勒岡大學（University of Oregon）的神經經濟學家威廉・哈波（William Harbaugh）與同仁在虛擬銀行帳戶裡給受測者一百美元，並請他們躺在大腦掃描器下。受測者先看到一些錢透過強制課稅的方式，捐贈給需要幫助的人，然後研究人員再問受測者要不要把餘額也一併捐給慈善機構，還是要留著自己用。掃描結果顯示，受測者發現他們有些錢必須轉給需要幫助的人時，大腦深處有兩個古老進化區——尾核（caudate nucleus）與阿肯柏氏核（nucleus accumbens）——會產生反應。當他們自願捐錢時，那兩區會變得特別活躍。當我們最基本的需求獲得滿足，例如享受美食或受到別人的重視時，這兩個腦區也會變得比較活躍，這表示幫助他人與快樂之間有直接的腦部關聯。所以，科學上來說，如果你想來點真正的購物療法，可以藉由幫助別人來幫助自己，助人對大腦有直接的影響，會讓你覺得更快樂。

　　當然你可能會說，你真的沒有足夠的錢捐助他人，不過很多善行其實是舉手之勞。幾年前，加州大學的快樂研究者柳波莫斯基與同仁叫一群受測者每週做五種不花錢的善事，連續做六週。這些善事都很簡單，例如寫張謝卡、捐血、幫助朋友等等。有些受測者是天天做一件善事，有些受測者是同一天做五件。每天做善事的人，快樂感小幅增加。每週在一天內做完五件善事的人，快樂感更是飆升40%。

買經驗，而不是買東西

想買快樂嗎？那就把血汗錢花在經驗上吧。去吃頓飯，聽場演唱會、看電影或歌劇，去度個假，學跳鋼管舞，玩漆彈，體驗高空彈跳。事實上，只要是有機會和別人一起做的事都行，然後再和更多人分享那個經驗。說到快樂，切記，為經驗花錢才是真的物超所值。

施比受更有福

想追求長時間的快樂，靠跳鋼管舞或高空彈跳只是其中的一些選項。問大家花錢在自己身上或別人身上，那一種情況比較快樂時，大部分的人都會選自己。但科學研究顯示，結果剛好相反：助人比為己更快樂。你不必從收入中撥出一大筆錢捐給慈善團體、朋友、家人、同事，其實贈送小禮物就能讓人的快樂感產生大幅度且持久的改變。所以，花幾塊錢在別人身上可能是你最棒的投資。如果你真的沒有能力把血汗錢捐給別人，切記，一天內做五件不花錢的善事也能讓你變得更快樂。

物質主義的根源

讓人偏重物質的原因是什麼？想擁有東西是個性使然、童年經驗、還是人生稍後發生的事件造成的？心理學家藍阮·查柏林（Lan Nguyen Chaplin）與黛柏拉·羅德·約翰（Deborah Roedder John）做的研究顯示，重視物質的心態是源自於童年初期，主要是自尊心低落所造成的。

在兩階段的研究中，研究人員首先找來一群孩子，年齡介於八到十八歲之間，請他們填寫一樣的自尊心問卷（為「我滿意我的長相」之類的敘述評分）。接著，他們讓孩子看顯示板，上面有很多圖像，分屬五大主題：嗜好（例如露營、滑板）、運動（例如橄欖球、籃球、網球）、物質（例如新鞋、電腦）、人物（例如朋友、老師）、成就（例如好成績、學樂器）。他們叫孩子看顯示板，用上面的圖像以「什麼讓我快樂」為主題拼湊出圖畫。在這個有趣的實驗中，研究人員藉由每個小孩自物質顯示板取出的圖像比例，計算每個小孩偏重物質的程度，結果顯示自尊心的高低與重視物質的程度有明顯的關聯，自尊心低落的孩子比同伴更重視物質。

不過，有沒有可能因果關係其實正好相反？也就是說，重視物質才是讓人自尊心低落的原因？為了測試這個可能性，研究人員叫一群孩子在紙板上寫下彼此的優點，然後讓每個小孩看到讚美自己的話。這種簡單的「讚美板」可以大幅提昇孩子的自尊心，更重要的是，之後再要求他們拼湊「什麼讓我快樂」的圖畫時，他們使用的物質圖像也減半了。整體來

看，這是自尊心低落讓人偏重物質的有力證明，而且這樣的傾向在年紀很小的時候就扎根了。不過，這研究也顯示，就像花小錢在別人身上或做點小善事一樣，我們只需要用幾秒鐘和一個紙板，就可以改變人的思想與行為模式。

快樂靠一隻鉛筆

實驗發現，跟面露不悅表情的人相比，露出笑容的人比較快樂，連帶也覺得漫畫比較好笑。總之，想要讓自己開心，舉止就要像個快樂的人一樣。

　　當人有特定的情緒與想法時，言行舉止會變得很容易預測。傷心時哭泣，快樂時微笑，同意時點頭，到目前為止，這些說法都不令人意外。但是根據一種名為「本體感覺心理」（proprioceptive psychology）的研究，同樣的流程也可以反向運作。讓人做出某種言行舉止，就會讓他產生特定的情緒與想法。這項論點一開始頗具爭議，但後來有一連串有力的實驗證實的確是如此。

　　在一項如今稱得上是經典的研究中，實驗者要求兩群人加總一串數字，他們叫其中一群人加總數字時皺眉（或是像研究人員說的：「收縮皺眉肌」），叫另一群人加總數字時面帶微笑（「擴張顴骨肌」）。這樣簡單的面部肌肉扭曲，竟然會影響受測者對數字加總難易度的評估，皺眉組覺得那些題目比較需要花費心思。

　　在另一項研究中，實驗者叫受測者凝視電腦螢幕上移動的物件，並指出那些物件對他們有沒有吸引力。螢幕上有些東西是上下移動（使受測者點頭），有些東西是左右移動（使受測者搖頭）。結果受測者比較喜歡上下移動的東西，卻沒發現他們

「是」與「否」的頭部動作是影響決定的關鍵要素。

　　同樣的概念也適用在快樂上，我們高興時微笑，也因為微笑而覺得更快樂。即使不知道自己是不是在微笑，這樣的效果依舊存在。一九八〇年代，弗利茲‧斯特勞克（Fritz Strack）與同仁找來兩群受測者判斷蓋瑞‧拉森（Gary Larson）的《遠端》（Far Side）漫畫有多好笑，並評估他們在兩種奇怪的情境下有多快樂。他們叫其中一組咬著鉛筆，但鉛筆不碰上下唇；另一組是用上下唇銜著鉛筆，而不是用牙齒。「只用牙齒組」在不知情下面露微笑；「只用嘴唇組」則是在不知不覺中露出不悅的表情。結果發現，受測者的情緒也受到表情的影響，露出笑容者覺得比較快樂，也認為漫畫比較好笑。其他研究也證實，這麼做所帶來的快樂，不會在停止微笑後馬上消失，而是會持續影響行為的諸多面向，例如更正面地和人互動、更容易記住快樂的事。

　　這類研究所要傳達的訊息很簡單：想讓自己開心，舉止就要像快樂的人一樣。

微笑

　　很多快樂的行為都可以迅速融入你的日常生活,其中最重要的,就是多多微笑,但不是那種剎那間感覺不到的微笑。研究建議,你應該保持微笑十五到三十秒。為了讓笑容更有說服力,你可以想像能誘發真實笑容的情境,或許你剛見過好友,聽到好笑的笑話,或得知丈母娘不來家裡作客了。另外,你也可以考慮用訊號提醒自己經常微笑。設定時鐘、電腦或PDA,讓它每小時鳴叫來提醒你,或是用比較隨機的提示,例如電話鈴聲。

坐挺

　　姿勢也一樣重要。美國科羅拉多學院(Colorado College)的托米安·羅伯茲(Tomi-Ann Roberts)做了一項研究,隨機把受測者分成兩組,他叫其中一組坐挺,另一組駝背坐者。然後他請每位受測者做數學測驗,並評估自己的心情。坐挺的人比駝背者快樂許多,連數學測驗的成績也比較高。有趣的是,這結果並不適用在許多女性受測者的身上,羅伯茲因此推測,坐直挺胸可能讓女性更在意自己的一舉一動。

表現快樂

　　德國畢勒菲爾大學(Bielefeld University)的彼得·博克瑙(Peter Borkenau)和同仁研究發現,快樂的人言行舉止和不快樂的人大不相同。你可以根據這個資訊,學快樂的人行動,增加

你的快樂程度。試著用比較放鬆的方式走路，手臂擺動稍微大一些，腳步輕盈一點。交談時，也可以試著用比較豐富的手勢，聆聽對方說話時多點頭，穿色彩比較多樣的衣服，多用充滿正面情緒的字眼（尤其是「愛」、「喜歡」、「喜愛」），不要常提到自己（「我」），音調變化大一些，講話速度稍快一點，握手更扎實。把這些行為融入日常舉止中，就可以讓你更快樂。

享樂慣性現象

研究人員肯儂・薛爾敦（Kennon Sheldon）與柳波莫斯基認為，快樂並不是輕而易舉就能達到的。在幾項實驗中，他們找來最近經歷過兩種生活變化的受測者。第一種稱為「環境改變」，是指整體環境出現比較重大的變化，例如搬家、加薪、買新車等等。第二種稱為「刻意改變」，意指努力追求目標或展開活動，例如加入社團、培養新嗜好，或投入不同的事業。他們叫這兩種受測者評估他們幾週內的快樂程度，結果一致顯示，兩種受測者雖然一開始的快樂程度都大增，但經歷環境改變的人很快就恢復到原來的快樂水準，刻意改變的人快樂的感覺持續比較久，為什麼會這樣？

薛爾敦與柳波莫斯基認為，這就是所謂的「享樂慣性」現象。我們的確可以從任何新的正面經驗中獲得很大的快樂，不過一再給人同樣的美好經驗，久而久之就會習慣，也就不會再從那經驗中獲得那麼多的歡樂。可惜，環境改變通常都會產生享樂慣性。新居、加薪或新車帶來的最初興奮感雖然美好，但這種改變所帶來的正面感覺通常每天都一樣，所以最初的喜悅很快就消逝了。相反的，刻意改變通常可以持續改變心理狀態，因而避免享樂慣性。無論是培養新嗜好、加入組織、展開計畫、認識新朋友，或學習新技巧，腦中都充滿不斷改變的正面經驗，不會讓人習以為常，也因此延長了快樂的時間。

所以，為了增進快樂，你應該選擇刻意改變，而非環境改變。努力培養新嗜好、展開大型專案、嘗試新運動。選擇適

合你的個性、價值觀、能力的活動，或許你可以思考自己早就喜歡做什麼，找出讓那項活動如此愉悅的核心要素，然後試試其他也包含那些要素的活動。所以，如果你喜歡油畫，可以畫畫水彩；如果你愛打網球，可以考慮玩羽毛球或壁球；如果你擅長數獨遊戲，可以試試填字遊戲。無論你決定做什麼，切記要努力改變你做的事與做的時間，以避免享樂慣性。這聽起來好像要下很大的功夫，但研究顯示，想要更快樂，這些努力都是值得的。

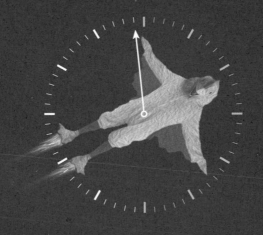

CHAPTER **2**

說服 Persuasion

為什麼獎勵沒效果？
如何讓面試順利？如何靠犯錯改善社交生活？
如何讓錢包失而復得？

　　如何說服小孩把作業寫完，使員工提升績效，讓大家多關心環境？很多人認為最有效的方法是祭出最大的獎勵，但研究是否也能證明這真的是誘因？還是只是一種迷思？

　　在一項經典研究中，史丹佛的心理學家馬克·賴普（Mark Lepper）與同仁找來兩群學童，叫他們隨意畫一些圖。在讓他們碰蠟筆與畫紙之前，他們告訴其中一群學童，畫畫就可以獲得精美的「優良小畫家」獎章，但他們對另一群學童完全沒提到任何獎勵。幾週後，研究人員回來，發放畫紙與蠟筆，衡量孩童繪畫的興致。令人驚訝的是，一開始就被告知會得到獎章的孩童，反而花在畫圖的時間比同伴少很多。

　　為什麼會這樣？賴普表示，可以得到獎章的孩子心裡會想：「大人想要我做我不喜歡做的事時，通常會給我獎勵。現在大人說，畫畫就給我一個金牌，所以我一定不喜歡畫畫。」同樣的效果在很多情境中也一再出現，所以結論很明顯：如果你讓孩子做他們喜歡的事，又給予獎勵，那獎勵反而會減少興致，減少他們的動力。你在瞬間把遊樂轉變成工作了。

有人主張，這效果只適用在大家喜歡做的活動上，獎勵其實可以鼓勵人做不喜歡做的事。為了證明這個說法是否正確，幾年前我做了一項研究，找來兩群人，請他們下午到倫敦的公園裡撿垃圾。我告訴受測者，他們是參與一項如何說服大家愛護地方公園的實驗。其中一組的打工時薪很高，另一組很少。經過一小時辛苦乏味的工作後，我請每個人評估他們喜歡那天下午的程度，你可能會以為打工薪水高的人可能感覺會比打工薪水少的人好。

結果剛好相反，打工薪水高的人對工作的平均評價是兩分（滿分十分），打工薪水不高的人評價卻高達八‧五分。薪水高的人似乎覺得：「大家通常會付錢請我做我不喜歡做的事，我的打工薪水不錯，所以我一定是討厭清掃公園。」相反的，打工薪水少的人心想：「我不需要獲得很多錢，就可以做我喜歡做的事，我打掃公園只賺了一點錢，我一定很喜歡打掃公園。」所以這項研究顯示，過多的獎勵可能還會對人們做事的態度有礙。

許多研究也一再出現類似的結果：幾乎不管是什麼獎勵或任務，獲得獎勵的人往往表現不如那些沒有預期會獲得獎勵的人。有些研究顯示，獎勵能讓短期的績效提升；但長期而言，獎勵反倒破壞了原本要鼓勵的那個行為。

如果承諾給予獎勵無法產生激勵的效果，那提出什麼樣的誘因效果才會最好？想要鼓勵人多做他們喜歡的事，可以在他們完成活動後偶爾給予小小的驚喜，或讚美他們辛勞的成果。如果是他們不愛做的事，一開始給予實際但不過量的獎勵，接著以讓人感覺良好的話語鼓勵他們繼續投入（像是「要是每個人都能像你一樣維持公園清潔就太好了」），即可產生效果。

不過，除了讚美、小小獎勵、肉麻的吹捧外，還有其他的方法也可以馬上產生說服的效果。想要迅速協商成功、緊急求援、請人幫個小忙，你可以思考如何給人良好的第一印象、了解集體思考現象以及為什麼施比受更有福。

完美面試

面試官時常宣稱錄取與否是決定於應徵者的資格與工作經驗，但事實真的是如此嗎？根據研究結果顯示，關鍵的因素只有一個：你看起來順不順眼！

有個老笑話是這麼說的，有個人去面試新工作，對方告訴他：「其實這份工作，我們真正需要的是個負責的人。」那人想了一下後回答：「那我是不二人選，我在老東家上班時，公司出了一堆事，他們總是叫我負責。」

面試時，糟糕的應答屢見不鮮，不過救星來了。過去三十年，心理學家研究讓面試官滿意的關鍵要素，這些研究得出幾個又快又有效的技巧，可以幫你大大提升找到理想工作的機會。

問雇主他們為什麼會挑某位應徵者，而不是挑另一位，他們會說那是看哪個應徵者的條件最好、個人技巧最適合這份工作而定。為了讓求才的流程盡量合理與公平，很多人會列出應徵者該具備的主要技能，並檢閱履歷表上是否有列了那些技能，再透過面試發掘更多的資訊。不過華盛頓大學（University of Washington）的查德・希金斯（Chad Higgins）與佛羅里達大學（University of Florida）的提摩西・賈奇（Timothy Judge）的研究發現，面試官都誤判自己決定人選的方式了，其實他們在無意中都受到一股神祕又強大的力量所左右。

希金斯與賈奇追蹤一百多位大學畢業生求職第一份工作的情

況。研究一開始，研究人員檢閱每位學生的履歷表，衡量面試官常宣稱他們視為錄取關鍵的兩大因素：資格與工作經驗。每次面試完後，學生就做一份統一的問卷，回答他們的面試表現，包括他們是否充分展現了優點、對公司有無興趣，或有沒有詢問面試官想找什麼樣的人才等等。研究團隊也聯繫面試官，請他們針對幾個因素提出看法，例如應徵者的表現，他們適合公司的程度、他們是否具備那份工作需要的技能，以及最重要的——應徵者有沒有錄取？

分析過大量的資料後，研究團隊破解了面試者如何錄取應徵者的一些迷思，也發現一項令人意外的事實。錄取與否是看資格而定嗎？還是視工作經驗而定？事實上，兩者都無關。關鍵只有一個重要因素：應徵者看起來順不順眼！討人喜歡的應徵者很有可能錄取，他們用好幾種方式提升自己的好感度。有些人是花時間聊和工作無關、但應徵者與面試官都感興趣的話題；有些人是努力保持微笑與目光接觸；有些則是讚美公司。這些正面行動都發揮了效果，說服面試官這樣討人喜歡又會進退應對的應徵者很適合公司，應該予以錄取。

希金斯與賈奇的研究清楚顯示，為了獲得你夢寐以求的工作，盡量討人喜歡比資格與工作經驗更重要。不過，當你費盡唇舌解釋過去的缺陷時，你很快就會發現，再高明的迎合技巧還是有它的侷限。所以，萬一你的履歷表上有比較不討喜的地方，最好的因應對策是什麼？你應該一開始就提起那些缺陷嗎？還是先給人良好的第一印象，等到最後才提及可能的問題？

一九七〇年代初期，杜克大學（Duke University）的心

理學家愛德華・瓊斯（Edward Jones）與艾瑞克・高登（Eric Gordon）曾做了一個經典的研究，探討這個議題。在實驗中，他們請受試者聆聽一名男子（其實是一名實驗人員）談人生的錄音，再請他們評估那個人討喜的程度。那名男子在錄音中提到，他有一個學期因作弊被逮到而遭退學。研究人員剪接了錄音帶，讓一半受測者在一開始就聽到那件事，讓另一半在最後才聽到。這樣的操作對受測者喜歡那人的程度產生了很大的影響。錄音一開始就提到作弊事件的一組，對那人的好感比最後才聽到的那組高出許多。其他的研究也證實，在別種情境下也有相同的效果。例如，律師在審訊一開始就提出論據的弱點，反而讓人覺得他的論據更強而有力。

　　一開始就說出缺點給人一種開誠布公的感覺，這是很多政治人物（例如柯林頓）還沒學會的一課。面試官會覺得應徵者一開始就提及可能的問題，可見他有堅強的性格，是個誠信的人，不會想要誤導他們。

　　一開始就先講履歷表上的優點，是不是也有同樣的效果？答案是沒有。在同一個實驗的另一段研究中，受測者聽到那名男子少念一學期的正面原因（「我獲得知名的獎學金，到歐洲遊歷」）。有些人是在錄音的一開始聽到，有些人是在最後聽到，結果得出相反的結果：男子在最後才提及獎學金時，受測者對他的好感度較高。所以如果是提到過去的優異表現，謙遜似乎比誠實更為重要。晚一點才提到優點，會讓人覺得你是想讓優點自然地顯露出來，太早打出王牌則給人自鳴得意的感覺。

　　所以，現在你加強了迎合技巧，願意早點坦承缺陷，也打算

把優點留到最後再說，這樣就保證你面試一定會錄取嗎？可惜不是。即使你立意再好，準備再足，人都會犯錯。或許你不小心打翻水杯、不小心冒犯了面試官、答了一個很糟的答案，你總是得應付一兩個意外的情況。為此，康乃爾大學（Cornell University）的湯瑪斯・季洛維奇（Thomas Gilovich）和同仁做了一連串的研究──在實驗中讓受試者穿上流行歌手巴瑞・曼尼洛（Barry Manilow）的T恤。

在每次實驗中，季洛維奇都安排五位受測者同時到他的實驗室。他把每個人帶進房間裡，請他們坐在桌子的同一邊，開始寫問卷。於是，這五人開始勾選問卷上的答案，他們不知道研究人員安排了另一位受測者在五分鐘後才到。這位晚到的人進入房間之前，他們先叫他穿上印有曼尼洛的T恤。為什麼選曼尼洛？因為這實驗是在研究尷尬的心理。之前有研究指出，康乃爾大學的學生大多打死不肯穿曼尼洛的T恤見人（編註：此指大學生普遍認為愛聽曼尼洛的歌很遜）。晚到的受測者一穿上曼尼洛的T恤，就被帶進房間，迎面就看到裡面一排學生對他行注目禮。過了一會兒，實驗者對他解釋，還是在外面等一下可能比較好，又馬上把晚到的學生帶出房間。

接下來發生兩件事。研究人員問房間裡的每個人，有沒有注意到晚到者身上T恤的圖案；他們也問那位晚到者，他估計有發現那個尷尬圖案的學生比例是多少。好幾次的實驗結果顯示，平均而言，房間裡約有20%的學生會注意到曼尼洛的圖案，但是晚到者自認那圖案太顯眼了，估計平均有一半的人會注意到。簡言之，晚到者大幅高估了尷尬事件的影響。

這樣的誤差就是所謂的「聚光燈效果」（spotlight effect），在很多情境中都有這種現象，從頭髮亂翹到團體討論表現不佳，自覺尷尬的人都覺得他們的錯誤比實際來得明顯，為什麼？因為我們比別人更在意自己的外貌與行為，因此會高估它們的影響。所以，萬一你面試時犯了丟臉的錯誤，就想想穿曼尼洛T恤的人，記得實際情況可能沒你想的那麼糟。

有三種簡單的方法讓你的面試更順利。

第一，好感度比學術成就與工作經歷更重要，所以……
- 找出你真的喜歡那家公司的地方，讓對方知道。
- 自在表現你對面試官的真誠恭維。
- 聊點和工作無關、但你與面試官都感興趣的話題。
- 展現興趣：詢問他們想找什麼樣的人，那職務在公司裡的定位。
- 對職位與公司充滿熱情。
- 微笑，和面試官保持目光接觸。

第二，當你的確有缺點時，不要等到面試最後才提，而是在面試一開始就透露出來，增加你的可信度。至於優勢方面，謙虛很重要，所以把優點留到最後再說。

第三，萬一你犯了看似很大的錯誤，不要反應過度，很可能對方沒像你那麼在意，你過度反應或道歉反而可能讓人更加注意。酌情坦承疏失就好，接著就像沒發生過什麼事一樣繼續應試。

說服的三種技巧

靠中間

想讓別人對你留下好印象，就往桌子的中央坐。心理學家普利亞·拉必爾（Priya Raghubir）與安娜·華倫蘇爾拉（Ana Valenzuela）分析電視益智問答節目《智者生存》（The Weakest Link）的內容。節目中，參賽者圍成一個半圓形站著。每一回合參賽者都會票選一位出局。站在半圓中間的參賽者一路挺進決賽的機率是42%，贏得比賽的機率是45%；站在邊緣的參賽者挺進決賽的機率僅17%，贏得比賽的機率僅10%。在另一項實驗中，研究人員讓受測者看一張團體照，照片中是競爭企業實習機會的五位應徵者，研究人員問他們公司應該錄取哪一位應徵者。站中間的應徵者被挑中的機率比站旁邊的人高。研究人員認為，我們觀看一群人時，會自然衍生一種基本的經驗法則：重要人物居中。他們把這種現象稱為「舞台中央效果」（center stage effect）。

簡單至上

思考新專案、新活動、新產品的名稱時，保持簡單是最佳準則。普林斯頓大學（Princeton University）的亞當·奧特（Adam Alter）與丹尼爾·歐本海默（Daniel Oppenheiner）追蹤上市公司的股市表現，發現名稱簡單好記的公司（例如Flinks）股價表現往往優於名稱拗口的公司（例如Sagxter）。進一步的研究發現，那不是因為大公司通常名稱比較簡潔，而是因為簡單好記與好發音的字原本就容

易讓人親近。

注意用字遣詞

我們難免會想在報告或信件裡摻入比較複雜的字眼，讓自己感覺博學多聞一些。但是歐本海默做的另一項研究顯示，非必要地賣弄詞彙反而會弄巧成拙。在連續五個研究中，歐本海默先系統化地檢視不同文字段落裡的字彙複雜度（包括求職申請、學術論文、笛卡兒的譯文），然後請受測者閱讀抽樣的文字，評斷寫作者的智慧，結果大家覺得語彙簡單的文章比較有智慧，這表示非必要的複雜詞彙會給人不好的印象。歐本海默在名為〈複雜詞彙弄巧成拙〉的論文中說明他的研究發現，他在文中也提到，字體小到難以閱讀的文章，也讓人降低對作者智慧的評價，這表示你光是改善書寫方式與簡化用字，就可以讓人覺得你比較聰明。

幫忙、失誤、八卦

想討好某人，與其幫他的忙還不如請他幫忙。犯點小錯，別人可能會更喜歡你。常抱怨別人的缺點，大家反而會不自覺地把負面與無能特質加諸在你身上。

　　好感度很重要，蓋洛普公司（Gallup）從一九六〇年開始調查大眾對美國總統候選人的觀感，把焦點放在議題、政黨傾向、好感度的影響上。這些因素中，只有好感度一直是勝選指標。同樣的，多倫多大學（University of Toronto）的菲力普·諾爾（Philip Noll）研究人際關係時也發現，人緣好的人離婚機率比一般人低50%。事實上，好感度甚至可能救你一命，因為有些研究發現，醫生鼓勵比較討人喜歡的病人保持聯絡，常回來檢查。

　　但是讓你人緣好的最佳方法是什麼？勵志大師卡內基（Dale Carnegie）指出，讓你人緣大增的一種方式，就是對別人展現真誠的興趣。事實上，卡內基主張，對周遭的人產生真誠的興趣，可以讓你在兩個月內結交的朋友，比兩年內讓別人對你產生興趣而結交的朋友還多。別的作家也提過其他迅速簡單的方法，例如真誠地稱讚別人，配合別人的肢體語言與談吐，表現謙虛，落落大方，這些可算是常識的技巧當然都有效。不過，根據研究，還有其他更隱性的方法也能幫你結交朋友，影響他人。其實只要聽富蘭克林的小建議，偶爾犯點錯，了解八卦的力量就行了。

　　富蘭克林是十八世紀美國的博學家與政治人物，他在賓州議

會裡碰上一位難搞又冷漠的議員，急於尋求那位議員的合作，但他沒有花時間奉承他，而是採取截然不同的方法。他知道那位議員的私人藏書裡有一本罕見的珍本書，便詢問他能否借閱幾天，那人同意了。富蘭克林說：「下次在眾議院碰面時，他主動找我說話（以前從沒發生過），態度非常客氣，甚至表明隨時都願意幫我。」富蘭克林認為，借書策略之所以奏效，是因為一個簡單的原則：「幫過你的人，比你幫過的人更願意再幫你一個忙。」換句話說，想讓別人更喜歡你，就讓他們幫你一個忙。一個世紀後，俄國小說家托爾斯泰似乎也認同這樣的看法，他寫道：「我們愛我們幫過的人，比幫過我們的人還多。」

一九六〇年代，心理學家強・傑柯（Jon Jecker）與大衛・藍迪（David Landy）展開研究，他們想知道這種流傳兩百年的技巧在二十世紀是否還適用。他們在實驗中，安排讓受測者贏了一些錢。等受測者離開實驗室時，一位研究人員馬上趨前向其中一些人尋求幫忙，他解釋他是用自己的錢做研究，錢不太夠用，不知受測者願不願意退還一些錢。第二群受測者是由第二位研究人員（心理系的祕書）趨前提出同樣的要求，不過他的說法是，實驗資金是由心理系贊助的，不是個人資金，但心理系現在有點拮据。後來，他們請所有受測者評估他們對研究人員的喜歡程度。結果正如早年富蘭克林與托爾斯泰的預期，幫助第一位研究人員的受試者，對研究人員的喜歡程度比較高。

這結果或許聽起來很怪，但理論上卻是合理的，這個奇怪的現象就是所謂的「富蘭克林效應」（Franklin effect）。大多時候，人的行為都是源自於想法與感覺。他們感到快樂，所以露出

微笑；他們覺得某人有吸引力，所以渴望地凝視對方的雙眼。不過，反過來也成立。讓人微笑時，他們也會快樂一些；叫人凝視某人的雙眼時，他們也會覺得那人更有吸引力。幫忙也是一樣的道理，想讓人更喜歡你，就向他尋求協助。

※　　　　※　　　　※

富蘭克林效應並不是唯一一種提升好感度的反直覺方式，還有一種技巧也幫過甘迺迪成為美國史上最受愛戴的總統。

一九六一年，甘迺迪下令進軍古巴豬玀灣（Bay of Pigs），那次行動失敗，歷史學家把那次決定視為一大軍事失策。但事件後的一項全國調查顯示，即使甘迺迪決策大錯，民調人氣卻不降反升。有兩個因素可以解釋這種看似奇怪的結果：甘迺迪並沒有為行動失敗找藉口或是推卸責任，而是馬上負起全責。此外，在那之前，大家一直把甘迺迪當成超級英雄——充滿魅力、英俊瀟灑、強而有力、不會犯錯的人。豬玀灣事件讓他變得比較像常人，比較可親。

加州大學的艾略特・艾倫森（Elliot Aronson）與同仁決定對此進行實驗，探討犯一兩個錯是否真的對你的人氣有益。他們在研究中請受測者聆聽兩種錄音帶，兩種錄音帶都是記錄一位學生參與益智測驗的情況，測驗後再讓那名學生談談自己的背景。那位學生的測試成績很好，答對九成以上的問題，接著他謙虛地說出自己有哪些成就。不過，在其中一版錄音的尾聲，受測者會聽到那位學生打翻一杯咖啡，弄髒了衣服。研究人員請所有受測者

評估他們喜歡那位學生的程度。雖然唯一的差別只有打翻咖啡的橋段，但是犯錯的學生就像甘迺迪在豬玀灣事件後一樣，反倒讓人比較喜歡。

這個奇怪的現象通常稱為「犯錯效應」（pratfall effect）。對總統或是在聆聽錄音帶的時候，這個效應可能很有效，但是在其他情況下也是如此嗎？為了一探究竟，我最近重做了一次艾倫森的實驗，不過這次是在購物中心裡進行。

這個研究是為電視節目做的，那節目主要是探討日常生活的心理，我們找來一群人，向他們說明他們即將看到兩位實習生示範如何用新型果汁機打果汁。第一位是莎拉，她飾演「完美」的角色，莎拉前一晚學習使用那台機器，也背了充滿說服力的台詞。先放進水果，放上蓋子，然後啟動果汁機，打出一杯完美的果汁，現場觀眾都給莎拉應得的掌聲，並殷切期待第二位上場示範。接下來是艾瑪出場，她扮演「不太完美」的角色。這次放進水果，放上蓋子，啟動果汁機，蓋子彈起，果汁濺得艾瑪滿身都是。艾瑪把果汁機底下所剩的果汁倒到杯裡，觀眾給她同情的掌聲。

結束第一部份的實驗後，就是探討好感度的時候了。我們訪問觀眾對兩次示範的看法，哪一次讓他們印象深刻？他們看過哪次示範後比較可能買果汁機？更重要的是，他們比較喜歡哪位示範者？是莎拉，還是艾瑪？雖然大家都覺得莎拉的示範比較專業，也比較有說服力，但是他們比較喜歡艾瑪。問他們原因時，他們說莎拉的完美表現不容易和他們產生共鳴，艾瑪比較人性化的表現感覺較為親切。雖然這不是完美的實驗（例如，艾瑪和莎

拉不是雙胞胎,所以她們的長相可能會影響觀眾的判斷),但還是證明偶爾犯錯可能對你的社交生活有益。

第三種提升好感度的罕見方式,是和一項人類特質有關:八卦的欲望。大部分的人喜歡聊一些朋友與同事的閒話,但是那樣的行為對他們有利嗎?俄亥俄大學(Ohio University)的約翰・斯科隆斯基(John Skowronski)和同仁探討散佈惡意流言的負面影響。受測者觀看演員談論第三者(演員的朋友或熟識)的錄影帶,那演員對朋友的某些評論滿負面的,例如:「他討厭動物,今天他走到店裡,看到一隻狗,就把牠踢到一旁。」看完錄影帶後,研究人員請受測者評估演員的個性。令人驚訝的是,即使那演員顯然是在批評別人,但受測者都把那些負面特質歸咎到演員身上了,這就是所謂的「自發特質移情」(spontaneous trait transference),由此可見八卦的負面影響。當你講別人的閒話時,聆聽者在無意間會把你和你描述的特質聯想在一起,最後便把那些特質「轉移」到你身上。所以,你應該說朋友與同事的好話,別人就會把你視為好人。相反的,常抱怨別人的缺點,大家會不自覺地把負面與無能特質加諸在你身上。

　　勵志大師主張，更有同理心、更謙遜、更寬容，可以讓你的好感度增加，他們或許是對的。不過，還有三種令人意外的因素也可以幫你增添人氣。

富蘭克林效應

　　別人幫你一個忙時，他們會更喜歡你。不過，這效應有它的侷限，幫小忙時比較可能產生，提出太大的請求只會讓人勉強回應或斷然拒絕。

犯錯效應

　　偶爾失誤可以提升你的好感度。不過，這招只有在別人覺得你太過完美時才有效。在艾倫森的另一部份實驗中，研究人員製作了兩種錄音帶，是由比較平凡的學生錄製，他只答對三成的益智問答，之後自述一些比較平凡的成就。在這種情況下，打翻咖啡反而讓他的好感度暴跌，因為受試者覺得他表現得一蹋糊塗。

八卦流言

　　你為別人貼上的特質標籤，可能會完全報應在你身上，大家會覺得那是你人格特質的一部份。

說服的祕訣

牽涉個體

一九八七年，民眾捐了三十五萬英鎊，幫助一位掉入德州深井的嬰兒。二○○二年，民眾募集了兩萬四千英鎊，幫助一隻困在太平洋船上的狗。相反的，有些組織想防止每年一千五百萬人餓死，或一萬名美國兒童因車禍身亡，卻苦於募不到資金，為什麼？最近一項研究中，研究人員付錢請人參與實驗，讓他們有機會捐一些錢給「救助兒童協會」。在捐助之前，他們先讓一半受測者看尚比亞有數百萬人面臨飢荒的統計數據，讓另一半受測者看一名七歲非洲女童的不幸遭遇，結果後者的捐款金額是前者捐款金額的兩倍多。雖然不合邏輯，不過可看出我們受個人感動的程度遠多於受群體的影響。

「對，對，對」

卡內基在《讓鱷魚開口說人話：卡內基教你掌握「攻心溝通兵法」的三十八堂課》（*How to Win Friends and Influence People*）這本書中主張，讓人對一連串的敘述回答「對」，可以增加未來他認同你的可能。他出版這本重要著作五十多年後，研究人員的實驗證實了肯定言詞的重要。一九八○年代，南衛理公會大學的心理學家丹尼爾·霍華德（Daniel Howard）安排研究人員隨機打電話給受試者，詢問他們飢荒救援委員會（Hunger Relief Committee）的代表能不能登門造訪，為慈善機構義賣餅乾。有一半的研究人員一開始

先提出一個刻意讓人做出肯定答覆的簡單問題：「今晚你還好嗎？」誠如預期，多數受訪者都做出正面的回應（「很好」、「不錯，謝謝」）。更重要的是，這行為對於他們是否允許餅乾義賣者登門造訪有很大的影響。先問「你還好嗎？」的那一組中，有**32%**的人答應餅乾義賣者來訪，沒問那問題的對照組中只有**18%**答應。這表示大家已經正面回應你某件事時，比較有可能同意你的要求。

美食左右人心

一九三〇年代，心理學家葛雷哥里·雷茲蘭（**Gregory Razran**）做了連串的研究，他發現人在用餐時，介紹他們認識其他的人事物，會讓他們產生特別的好感。這效果可能是因為美食讓人愉悅，可以讓人做更快、更衝動的決定。最近，研究人員發現，剛喝過含咖啡因飲料的人，比較可能被各種爭議性言論所左右。總之，有可靠的證據顯示：天下沒有白吃的午餐，也沒有無害的咖啡。

押韻好遊說

德國哲學家尼采在他的經典著作《歡悅的智慧》（*The Gay Science*）中主張，韻文原本就會吸引原始的思惟，因為它似乎有神奇的意涵，是一種直接與神對話的方式。雖然大家還沒普遍接納這樣的觀點，但最近的研究顯示，押韻可能產生令人意外的效果。心理學家馬修·麥克葛龍（**Matthew McGlone**）與潔希卡·托菲各巴克許（**Jessica**

Tofighbakhsh）讓人看一些眾所皆知的押韻格言（「謹慎細量，錢途無量」、「人生多紛爭」）和一些沒押韻的同意語（「謹慎細量，財富就來」、「人生多是掙扎」），再請讀者評估這些格言形容人類行為的精確度，結果大家覺得押韻的格言比沒押韻的格言精確許多。研究人員認為，那是因為那些押韻格言比較好記、討喜、可重複。這種效果常用在廣告詞上：「Beanz Meanz Heinz」（譯註：Heinz食品的廣告）、「A Mars a day helps you work, rest and play.」（譯註：Mars巧克力棒的廣告）。甚至在法庭裡也出現了，例如律師強尼・科克蘭（Johnnie Cochran）為OJ辛普森（O.J. Simpson）辯護時說：「手套不合，就該無罪開赦。」（譯註：檢查官認為血手套是辛普森的，要辛普森當著陪審員面前戴上那手套。辛普森費了很大力氣戴手套，頻頻說：「戴不上，不合手。」科克蘭便說出這句讓人記憶深刻的疊句：「If the gloves don't fit, you must acquit.」）

一模一樣

想要說服，研究指出一個簡單的方法：雷同有助於說服。例如，山姆休士頓州立大學（Sam Houston State University）的藍迪・嘉納（Randy Garner）把問卷寄給受試者時，首頁上搭配不同的資訊，有些收件人的名字和實驗者的名字相同，有些不同。例如，在名字相同的情況下，名叫Fred Smith的受測者，可能收到研究人員Fred Jones寄出的問卷。在名字不同的情況下，名叫Julie Green的受測者，可能收到

名叫Amanda White寄出的問卷。這樣簡單的操作卻大大影響了回覆率，名字不同的受訪者只有**30%**寄回問卷，名字相同的受訪者則有**56%**的回覆率。其他的研究也顯示，人們比較可能支持與認同和他們比較相像的人。在一份研究中，研究人員請六千多位美國選民評估他們的個性與總統候選人約翰·凱利（**John Kerry**）與喬治·布希的個性。兩人的支持者都同意凱利比布希更樂於接納新點子與新概念，但布希比凱利忠誠。不過，同樣的特質型態也出現在選民身上。支持凱利的選民給自己的開明評價，比支持布希的選民高。支持布希的人給自己的信賴感評價，也比支持凱利的選民高。不管相似處是衣著、談吐、背景、年齡、宗教、飲食與抽菸習慣、食物偏好、看法、個性或肢體語言，我們喜歡和我們相像的人，覺得他們比別人更有說服力。

別忘了幽默幾句

想要說服別人，就幽默一點。在凱倫·歐昆（**Karen O'Quin**）與約爾·艾隆諾夫（**Joel Aronoff**）的研究中，他們請受測者和賣家討價還價一件藝術品的價格，議價快結束時，賣家以兩種方式做最後出價：他對一半的受測者說，六千元他就賣了；他對另一半的受測者也開出一樣的價格，但又多了一點幽默（「好啦，六千元我就賣了，順便加送我的寵物蛙。」）那點小小的幽默反倒產生了很大的效果，受測者聽到他提青蛙時，比較願意對價格做出讓步。這效果在男女身上都適用，不管賣家最後的出價比受測者的原始出價

高出多少都一樣。順便幽默一句似乎讓受測者的心情變好，鼓勵他們讓步。所以下次想獲得想要的東西時，別忘了穿插幾句幽默話。

為什麼人多礙事？該怎麼辦？

當你需要協助時，若身旁有一大群人跟只有一個人在場，哪種情況更容易獲援？

一九六四年三月十三日，一位年輕女性凱蒂・基諾維斯（Kitty Genovese）返回紐約皇后區的公寓時遭到突襲。她的車子就停在離家不到三十米處，在走回公寓的路上，她被陌生人襲倒，那人一再拿凶器刺她。飽受折磨的基諾維斯大叫求援，搖搖晃晃地走到公寓附近。不幸，攻擊者又跟上她，再次攻擊，使她當場斃命。

三月二十七日，《紐約時報》頭版報導那宗命案，文中提到很多「正派守法的公民」都目睹或聽到攻擊，但當時都沒人打電話報警。負責該案的警官不解，為什麼會有那麼多目擊者袖手旁觀。其他媒體很快都跟進報導此案，多數記者推論基諾維斯的鄰居毫不在意，所以才沒報警，他們覺得那事件證明了現代美國社會的淪喪。那場悲劇引起大眾關注，也啟發了幾本著作、電影、歌曲的創作，甚至有一齣劇名敏感的音樂劇就是以它做為藍本，名叫《基諾維斯的尖叫》（The Screams of Kitty Genovese）。

目擊者袖手旁觀的情況也讓兩位當時在紐約工作的社會心理學家感到不解，畢博・拉塔內（Bibb Latané）與約翰・達利（John Darley）不相信大家的普遍冷漠是因為缺乏同理心，於是開始調查可能讓目擊者見死不救的其他因素。兩位研究人員推

論，關鍵原因可能是目擊者太多，於是他們展開連串的巧妙實驗，在往後三十年出版的社會心理學教科書裡，幾乎每一本都收錄了他們的研究。

在第一個研究中，拉塔內與達利安排一位學生在紐約街上假裝癲癇發作，觀察路人會不會上前協助。由於他們想看目擊者多寡對路人伸出援手的可能性有什麼影響，所以他們在不同人數面前一再重複同樣的實驗。結果相當明顯，目擊者愈多，有人伸出援手的機率愈低。現場只有一名路人時，癲癇的學生獲得協助的機率是85%，但是現場有五名路人時，獲援機率卻只有30%。

在另一個研究中，研究人員不在街頭實驗，而是轉移到候診室。這次也不是假裝癲癇，而是製造另一個顯然緊急的情境，讓煙霧從候診室的門縫底下竄出，顯示建築內失火了。結果還是一樣，現場人數愈多，有人啟動警鈴的機率愈小。只有一人候診時，有75%的人會通報失火了。三人候診時，通報機率僅38%。其他研究也顯示同樣的結果，不管需要協助的事情是大是小。例如，在另一個實驗中，研究人員安排一百四十五位助手搭一千四百九十七次電梯，每次搭電梯時，都刻意掉下零錢或鉛筆。總共有四千八百一十三個人和他們一起共乘電梯，當只有一人和他們共乘時，那人撿起零錢或鉛筆的機率是40%；但是和六人共乘時，只有20%的情況有人幫忙撿起東西。

從幫助迷路的騎士、捐血、舉發店內扒手、或是打緊急電話求援，同樣的型態一再地出現。基諾維斯遇害時的目擊者似乎不是特別漠不關心或是自私，他們只是人數太多罷了。

為什麼愈多人在場時，幫助別人的動力愈小？面對比較罕見

的情況時（例如有人在街上倒下），我們會判斷發生了什麼事。通常我們會產生好幾種看法，可能是真的緊急事件，癲癇發作，或者只是跌倒，也有可能是為了社會心理學實驗而偽裝的，又或者有隱藏攝影機在拍攝節目，還是默劇演員正要開始做街頭表演。雖然有多種可能，我們還是得迅速判定，我們該怎麼做？其一是觀察周遭的反應，他們衝上前幫忙嗎？還是繼續做他們的事？他們打電話叫救護車嗎？還是繼續和朋友聊天？可惜，因為多數人不願從群眾中挺身而出，每個人都觀察其他人的反應以尋求指示，大家可能最後都決定「這裡沒什麼可看，往前走吧」。第二，即使現場情況很顯然需要幫忙，還是有責任的問題。在多數日常情境中，並沒有明顯的指揮系統，該由你上前協助？還是該讓那邊那個傢伙去幫忙？群體中的每個人都這麼想，結果最後反而沒人伸出援手。

只有你一人在場時，情況很不一樣。突然間，你一個人承擔了全部的責任，萬一剛剛倒下的那個人真的需要幫忙怎麼辦？萬一這棟建築真的失火了怎麼辦？萬一那個電梯裡的女子真的需要哪支掉落的鉛筆怎麼辦？你打算視若無睹就這樣走開嗎？在這些情況下，多數人比較可能發現是否有問題存在，並在必要時伸出援手。

三十八位目擊者袖手旁觀基諾維斯遇害的行為，促成了拉塔內與達利的開創性研究，後來成為知名的「旁觀者效應」（bystander effect）。有趣的是，最近的研究顯示，最初媒體報導這件凶案時，可能誇大了大家漠視的態度，有一位相關的律師表示，現場只看到六個人，他們其實都沒看到基諾維斯遇刺。至少

一人表示，事件發生時，他的確向警方報案了。不過，無論當晚大家是做什麼反應，媒體報導後所促成的研究讓我們知道，為什麼需要幫助時，周遭有一群陌生人不見得就能獲得協助。

　　旁觀者效應所要傳達的訊息很明顯：某人顯然需要協助時，周遭愈多人在場，有人伸出援手的機率愈低。

　　所以，萬一你不幸在路上需要協助時，該怎麼做才能增加獲援的機率？說服專家羅伯特‧齊歐迪尼（Robert Cialdini）表示，答案是從人群中找一個友善的面孔，清楚告訴他發生了什麼事，以及他需要怎麼做。你可以說你心臟病發，需要他幫忙叫救護車，或是你有糖尿病，需要盡快攝取糖份。總之，就是避免責任分散，把旁觀者從人群中的無名氏轉變成充分發揮效能的人。

　　了解這種責任分散的現象，也可以在其他情境中幫你說服其他人。例如，想透過電子郵件請人幫你時，不要把訊息傳給整個群體，大家一看到那封信寄給很多人時，就會產生同樣的責任分散效果，每個人都覺得回應是別人的責任。為了增加別人幫你的機率，你應該個別寄信給每個人。

一分錢也能幫上忙

有沒有可能藉著改變捐款箱，讓慈善捐款的金額增加？為了一探究竟，我和博得書店（Borders）合作，在英國各地做了為期一週的祕密研究。我們寄四個慈善捐款箱到參與實驗的書店，每個箱子的外型與大小都一模一樣，全都打著同一個慈善機構的名稱：英國國家文教信託。每個箱子表面各印著一句心理學家認為可以有效吸收捐款的訊息，分別是：「請大方捐助」、「一分錢也能幫上忙」、「一英鎊也能幫上忙」、「你也能改變世界」。我們請店長把每個箱子隨機放在四個櫃臺上，追蹤每個箱子的捐款數。

這四個不同的訊息會影響慈善捐款的金額嗎？沒錯。實驗結束時，四個箱子裡的金額有很大的差異。「一分錢也能幫上忙」的效果最好，裡面的捐款佔全部的**62%**，「一英鎊也能幫上忙」的捐款金額敬陪末座，只佔**17%**。那麼小的改變為什麼有那麼大的效果？亞利桑納州立大學的心理學家齊歐迪尼研究指出，很多人擔心捐太少錢會給人一種很小氣的感覺，所以就乾脆不捐了。「一分錢也能幫上忙」則是合理化、進而鼓勵最小額的捐款。相反的，「一英鎊都能幫上忙」則有相反的效果，原本想捐較少金額的人，突然擔心自己的捐款微不足道，所以就乾脆不捐了。

在另一部份的實驗中，我們改變箱子的顏色，發現紅色箱子的效果最好，因為那給人一種迫切感。有趣的是，不同的地區出現很不一樣的捐款差異，根據顧客人數做調整後，我們發現倫敦的顧客最大方，伯明罕書店的捐款最少，倫敦顧客的捐款金額平均是伯明罕顧客的二十倍。

禮尚往來的重要

我們會比較喜歡幫助我們的人，也會幫助我們喜歡的人，所以如果你想幫助自己，你應該先幫助別人，而且幫別人一個小忙常讓對方回報更多。

聖經上說，施比受更有福，有關說服心理的研究也證實了這樣的概念，雖然方法上可能不是聖經所指的那樣。

一九七○年十二月，心理學家菲力普・昆茲（Phillip Kunz）與麥可・伍卡特（Michael Woolcott）做了一個可能是有史以來最簡單的社會心理學實驗。他們在幾週內寄出一些聖誕卡，但不是寄給親朋好友或同事，而是從電話簿裡隨機挑選收件人。這兩位大膽的研究人員對禮尚往來的心理很感興趣，他們想知道陌生人寄的賀卡會不會讓人也回一張賀卡，結果顯然是如此，他們很快就收到許多陌生收件人回寄的卡片了。

對說服技巧感興趣的人也探索過禮尚往來的原則，不過他們的研究不是想說服陌生人寄聖誕卡，而是探討有些技巧是不是也影響人類行為中比較重要的面向。

一九七○年代，心理學家丹尼斯・雷根（Dennis Regan）邀人幫忙實驗，探索美學與藝術。他一次請一位自願的受試者到畫展來，告訴那個人到場時會碰到另一位受測者，他們兩人必須一起評估畫展裡的每幅畫。這用意是如果你參與社會心理學實驗，研究人員又叫你和另一位受測者碰面，你可以打賭那個人就是研

究人員喬裝的，雷根的研究就是故意那樣設定。那位研究人員事前獲得詳細的指示，他陪真正的受試者看展時，會突然感到口渴，然後往提供免費飲料的桌子走去，回來時他又恢復活力。不過，有一半次數他是空手回來，另一半則是順便為受試者拿回一瓶可樂。

當你參與心理實驗時，一同參與實驗的「伙伴」如果幫了你什麼忙，你可以肯定他不久就會要求你幫他一個忙，雷根的實驗也不例外。受試者為每一幅畫做完評價後，喬裝成受試者的研究人員對真正的受試者說，他也賣彩券，手邊還剩幾張，一張二十五分錢，只要能賣掉最後那幾張，他就可以獲得五十元的獎金，於是他提出要求：「買個一張也好，多多益善。」雖然那瓶可樂也沒花到研究人員的錢，卻對受測者的行為產生了很大的影響。拿到可樂的受試者買的彩券張數，是沒拿到可樂者的兩倍。

其他研究也顯示，看似自動自發的幫忙會讓人覺得有必要禮尚往來。在一項特別巧妙與有效的實驗中，心理學家大衛·史特梅茲（David Strohmetz）與同仁安排服務生拿帳單給顧客時順便附上糖果，然後觀察這個舉動對小費多寡的影響。在對照組中，客人拿到帳單時，沒有得到糖果。第二組是每位顧客給一顆糖，結果這個簡單的舉動讓第二組的小費比對照組多了3%。第三組是每人給兩顆糖，結果小費比對照組多14%，效果還不錯。第四組中，服務生送上帳單時，先給每人一顆糖，但轉身要離開時，又伸手進口袋，給每人第二顆糖。雖然每個人最後拿到的糖果和第三組一樣，但那是多給的好處，也因此讓小費增加了23%。

為什麼略施予小惠會產生那麼大的效果？

心理學家認為，對任何社會的福祉來說，只有幾項原則是絕對必要的，幾乎每個文化中都有這些原則，它們讓公共生活得以順利進行。或許其中最廣為人知的原則就是「別為了好玩而殺人」，緊接著是「不要和近親或他們的愛人發生性關係」。雖然少數人很難遵守這些原則，但我們可以明顯看出這些原則為什麼可以把社會凝聚在一起。不過，還有一些原則的運作是比較隱約的，但是它們對群眾的福祉還是一樣重要。禮尚往來的概念或許是其中最重要的一項。

　　為了讓社會凝聚在一起，大家必須合作，互相幫忙。不過，有些人施予的總是比得到的多，所以你怎麼知道該幫助誰、該忽略誰？其實要做這個複雜決定，只需要應用一個簡單的原則：幫助幫過你的人。換句話說，就是投桃報李。那樣一來，雙方都受惠了，世界也跟著順利運作。如果每個禮尚往來的情境都那麼即時與公平，說服的心理就沒什麼好探索的了。從研究人員的角度來看，真實世界的禮尚往來比較複雜一些。我幫你，那表示我喜歡你，信任你，到時候我需要幫助時，我就是一個值得你幫助的好人。這些因素結合在一起，衍生出一股強大的力量，常讓人付出比收到的多出許多。以畫廊的實驗為例，那瓶可樂是免費的，卻足以說服受測者掏錢出來買彩券。在餐廳的例子中，額外的糖果只值幾毛錢，卻可以讓人多給些小費。

　　我們比較喜歡幫助我們的人，也會幫助我們喜歡的人。不過，在互相幫忙方面，我們其實只需要獲得一點點幫助，就可以喜歡一個人，也常基於一點點理由，就提供很多的協助。所以如果你想幫助自己，你應該先幫助別人。

很多研究顯示，幫某人一個小忙常讓對方回報更多，所以這表示所有的小善舉都能獲得超額的回報嗎？另外有些研究顯示，在一些隱性因素的影響下，小善舉的效果最好。

當善舉是發生在兩個不是很熟的人之間，而且只是小小的貼心之舉時，效果最好。如果是費盡心力幫助某人，往往會讓對方產生回報的壓力。一開始付出太多，反而會讓對方不知如何是好，因為根據禮尚往來的原則，這表示他們得回報更多。

激勵是很重要的，因為受惠者如果覺得對方是看他無法成功才拉他一把，或是對方別有居心，他反而會覺得很受傷。所以為了達到最大的說服效果，切記，你應該幫助的是陌生人，真正重要的是心意，你必須讓人覺得你是發自內心想要幫忙，而不是別有目的。

在某種程度上，禮尚往來的程度可能是視文化因素而定。在一項研究中，麥可‧摩里斯（Michael Morris）與同仁詢問不同國家的人，當同事尋求援助時，什麼因素會影響他們伸出援手的意願。美國人主要是受禮尚往來原則的影響（「他以前幫過我嗎？」），德國人比較關心他們幫忙符不符合公司的規範，西班牙人大多是根據友誼與個人好惡決定，華人則是根據同事的地位做判斷。

如果你希望你的付出獲得最大的回饋，就快點尋求回報。史丹佛大學（Stanford University）的法蘭西斯‧弗林（Francis Flynn）訪問美國某大航空公司的客服專員，他發現幫助別人

後，馬上提出要求的效果最好。如果隔太久才提出要求，對方可能忘了發生過什麼事，或者說服自己原本其實不需要幫忙。

讓錢包失而復得的妙方

**想要增加錢包遺失後的歸還率，就去找一張最可愛、最開心
的嬰兒照，把它放在錢包裡最明顯的位置。**

　　幾週前，我掉了錢包，先是驚慌失措，後來冷靜下來，仔細
回溯我的足跡，還是找不到錢包，我又慌了，接著又冷靜下來，
最後還是決定掛失信用卡。可惜，我再也沒看過那錢包了，還好
我現在的新錢包比之前那個破舊的錢包好多了。我很在意，不想
再弄丟新錢包了，所以我很想知道在錢包裡放什麼，可以在錢包
遺失時，提高失而復得的機率。

　　結果我發現，我不是第一個思考如何鼓勵別人歸還錢包的
人。一九六〇年代末期與一九七〇年代初期，對幫助的心理感興
趣的研究人員做了幾個研究，他們暗中把錢包丟在車來人往的
街道上，然後追蹤歸還率。在這些心理學家中，哥倫比亞大學
（Columbia University）的哈維・霍恩斯坦（Harvey Hornstein）
應該是成果最豐碩的一位。

　　多年來，霍恩斯坦系統化地研究影響錢包歸還率的因素。例
如，在一項研究中，他探討如果錢包讓人產生正面的感覺，而非
負面的感覺，是不是可以增加拾獲者歸還錢包的機率。這個實驗
就像霍恩斯坦的諸多實驗一樣，營造了一個滿罕見的情境，讓人
以為那錢包不只掉過一次，而是掉過兩次。那情境是這樣的，原
始物主掉了錢包，有人撿到，附上一封短信，把信和錢包一起放

進信封裡，寄還物主。不過，在前往郵筒的路上，那位撿到錢包的好心人不小心讓信封掉在路上，所以錢包又遺失了一次。不知情的路人碰巧看到一個沒封口的信封，裡面有個錢包，錢包外包著一張紙，他必須決定要不要把那個信封寄給物主。有一半的人撿到的短信內容是正面（「能幫助人是我的榮幸……這只是小事一樁」），另一半的人撿到的短信內容比較負面（「歸還這皮夾滿麻煩的，希望你會感激我做的一切」）。用字遣詞的差異對人的行為產生了很大的影響，附上正面短信的錢包歸還率約40%，附上負面短信的錢包歸還率僅12%。

霍恩斯坦的研究雖然有趣，但我覺得我無法永遠在錢包上包著一張語意正面的短信。可惜，大多數關於遺失錢包的學術研究也都是理論上可行，但不是很實用。我不肯罷休，詢問朋友對於錢包裡該放什麼有沒有更實用的建議，結果得到多種意見，例如放嬰兒、狗兒或其他東西的照片，讓人覺得失主是個好人。為了確定哪個點子最有效，我重做了一次類似霍恩斯坦的研究。

我買了兩百四十個錢包，每個裡面都裝一樣的日常物件，例如彩券、折價券、假的會員證。接著，我把四種照片分別放進四組錢包中，每組各四十個錢包。那四種照片分別是微笑的嬰兒、可愛的小狗、全家福照片、滿足的老夫妻。另外四十個錢包裡是放著一張卡片，顯示失主最近剛捐錢給慈善機構，最後四十個錢包是對照組，裡面沒放額外的東西。那些額外加放的東西都是塞在錢包的透明塑膠口袋裡，只要打開錢包就可以看到。接著我把所有錢包隨機排列，在幾週內暗中把它們放在人多的愛丁堡街上，但遠離郵筒、垃圾桶、髒污地帶。

一週內，52%的錢包回到我們手上，呈現明顯的型態。對照組的歸還率僅6%，內含慈善卡的錢包歸還率僅8%。放老夫妻、可愛小狗或全家福照片的錢包歸還率稍高一些，分別是11%、19%、21%。歸還率最高的是放微笑嬰兒照片的錢包，高達35%。

　　放嬰兒的照片為什麼會有那麼好的效果？答案似乎和我們演化的過去有關。哈佛大學的大腦掃描專家最近檢視人看到嬰兒或成人大頭照時，大腦有什麼變化。雖然所有大人與嬰兒的照片都在美醜上做了配對，但人一看到嬰兒的照片，在七分之一秒內，眼睛後方的大腦部分（學名是「前額腦區底部」）就會出現活動，但看到成人照片時則沒有反應。這反應快到無法有意識地控制，而大腦那區的運作主要是和獲得獎勵有關，例如巧克力棒或中彩券。許多科學家認為這種「嬰兒——喔」的連結反應已經演化數千年，讓人對易受傷害、毫無防衛力的嬰兒產生好感，進而幫助他們，以促進未來世代的存續。有些研究人員認為，這種關愛態度不僅適用在嬰兒身上，也讓我們更有可能幫助需要幫助的人。受測者打開內有嬰兒照的皮夾時，大腦就不自覺地對大眼、寬額、翹鼻的嬰兒照產生反應。在一瞬間，深層的演化機制迅速和內心的父愛或母愛產生共鳴，讓人變得更快樂、更有愛心，也因此增加歸還錢包的機率。

　　不管是哪一種解釋，這些研究都透露了清楚的訊息：想要增加錢包遺失後的歸還率，就去找一張最可愛、最開心的嬰兒照，把它放在錢包裡最明顯的位置。

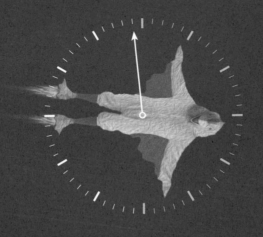

激勵 Motivation

第三章
激勵

想像美好事物也會有負面結果？如何規畫一個完美可行的計畫？
如何克服凡事都想拖延的毛病？
「雙重思想」方法要怎麼運用？

這四十年來，許多書籍、有聲書、訓練課程都保證可以幫人克服追求一時享樂的危險，達成長期的目標。從視覺想像到自我肯定，從專注心志到順其自然，只要肯花錢，你都能找到適合你的方法。只不過有個小問題：有幾個科學研究顯示，這些方法大多沒什麼效果。以本書一開始舉的視覺想像練習為例，你可能還記得，我請你閉上眼睛，想像一個新的你：想想你穿上合身名牌牛仔褲的感覺有多棒，或是身為公司的大老闆，坐在寬敞的辦公室裡，或是啜飲著雞尾酒，腳下是溫暖的加勒比海沙灘。勵志產業鼓吹這類練習好幾年了，他們宣稱這種練習可以幫人減肥、戒菸、找到完美的伴侶、事業蓬勃發展。可惜，如今很多研究顯示，這些做法雖然可能讓你感覺良好，卻毫無效用。

加州大學的連・范（Lien Pham）與雪利・泰勒（Shelley Taylor）在一項研究中，請一群學生每天花一點時間，想像他們在幾天後舉行的一場期中考中得到高分。他們要求學生想像清楚的影像，想像那感覺有多棒。那項研究中還有另一個對照組，他們是照常過生活，研究人員叫他們不要想像考得特別好。他們請

兩組學生都記下每天讀書的時數，並追蹤最後的成績。幻想練習雖然每天才持續幾分鐘，結果卻對學生的行為產生了很大的影響，讓他們讀得更少，考試成績也較差。那練習可能讓他們自我感覺較好，卻沒幫他們達成目標。

在另一項實驗中，賓州大學（University of Pennsylvania）的嘉布列爾・奧廷根（Gabriele Oettingen）與湯馬斯・威登（Thomas Wadden）追蹤一群參與減重計畫的胖女人。研究人員請那些女性想像在多種跟食物相關的情境中，她們會有什麼表現，例如去朋友家時，朋友拿出好吃的披薩。研究人員把她們的反應歸類，從「非常正面」（例如，「我會很聽話，遠離蛋糕與冰淇淋」）到「非常負面」（例如「我會長驅直入，吃掉自己和別人的份」）。他們追蹤那些女性一年後，發現想像正面的女性平均減掉的重量還比想像負面者少十二公斤。

奧廷根的研究發現，許多不同的情況下也有同樣的效果。在另一個研究中，她找來一群坦承暗戀同學的學生，請他們想像在不同情境下會發生什麼事，例如提早到教室，坐下來，看到門打開，暗戀的對象走進來。接著，她同樣把這些學生的想像加以分類，從讓言情小說的死忠讀者為之臉紅心跳的想像（「我們四目交接，我們都知道此情只應天上有，人間難得幾回尋」）到最負面的情境（「我們都是單身，他轉向我，對我微笑，問我還好嗎。我不知怎的，竟然對他說我有男友了」）。五個月後，結果顯示幻想正面的人比較不可能向暗戀的同學告白或和他們更親近。

同樣的效果也出現在求職上。奧廷根請大四學生記錄他們多

常想像畢業後找到理想的工作。兩年的追蹤發現，經常想像自己找到理想工作的人比較少申請工作，收到的錄取通知也比較少，薪資也比同學低。

　　為什麼想像自己達成目標對你那麼不利？研究人員猜測，想像完美生活的人可能對成功路上時常碰到的挫折比較沒有準備，又或許是因為他們喜歡逃避現實，不願為達成目標付出必要的心力。不論原因是什麼，研究透露的訊息很明顯：想像完美世界可能讓你感覺較好，卻無法幫你美夢成真。

　　還好，關於激勵的其他研究結果並不是都那麼令人絕望，很多研究顯示，運用一些技巧可以讓生活產生永久的正面改變。從減重到戒菸，換工作到找尋理想伴侶，都有迅速輕鬆的技巧可以給你實質的幫助。重點在於規畫完美計畫，知道如何克服拖延，以及運用奇怪的「雙重思想」。

規畫完美計畫

靠意志力或壓抑想法來拋開腦中的奶油蛋糕與巧克力聖代、把焦點放在萬一達不到目標會發生的壞事上、或是做白日夢等等技巧，這些不只浪費時間，也是讓人無法掌握人生的激勵迷思。

回想你以前想要達成重要目標或抱負的情況，或許是減重、找新工作、考好成績、為重要的面試做準備等等。你是用什麼技巧？花點時間閱讀下列敘述，然後勾選你會用的技巧（「是」或「否」），每項敘述不要想太久，盡量誠實回答。

想改變生活的重要面向時，我會：　　　　　　　　是　否

1. 規畫循序漸進的計畫。　　　　　　　　　　　　□　□
2. 注意我崇拜的成功人士（例如以名人或卓越領袖當榜樣）以激勵自己。　　　　　　　□　□
3. 讓別人知道我的目標。　　　　　　　　　　　　□　□
4. 想想萬一我沒達到目標會發生的壞事。　　　　　□　□
5. 想想如果我達成目標會發生的好事。　　　　　　□　□
6. 壓抑無益的想法（例如，不要想著吃垃圾或抽菸）。　　　　　　　　　　　　　　　□　□
7. 有進步時就自我獎勵。　　　　　　　　　　　　□　□
8. 依靠意志力。　　　　　　　　　　　　　　　　□　□

9. 記錄進度（例如寫日誌或製表）。　　　　　　　☐　☐
10. 想像我達成目標時，人生有多美好。　　　　　　☐　☐

　　現在你需要算兩個分數，分數A是第1、3、5、7、9題答「是」時各得一分，分數B是第2、4、6、8、10題答「否」時各得一分，其他答案完全不管，最後加總A與B，得出介於0到10的分數。

※　　　　※　　　　※

　　幾年前我做了兩個大型的科學研究，探討激勵的心理。那專案從全球各地找來五千多位想達成各種不同目標與抱負的受測者，例如減肥、取得新資格、展開新戀情、戒菸、換新工作、更環保等等。我們追蹤其中一群人六個月，追蹤另一群人一年。專案一開始，多數受測者都有信心他們可以做得不錯，到實驗尾聲，我們請每位受測者說明他們用來達成目標的技巧以及成效如何。最後，只有約10%的人成功達成目標與抱負。

　　上面的問卷包含受測者最常使用的十種技巧，有些聽起來像常識，有些常出現在勵志書與訓練課程裡。雖然那些技巧都看似可信，但我們的研究資料顯示，有一半的技巧可以大幅增加你成功的機率，另一半則沒有效果。問題是：哪些技巧有效？

　　在我們的實驗中，採用問卷裡的偶數技巧比較不可能達成目標。例如，以名人當榜樣，把艾兒‧麥芙森（Elle Macpherson，性感名模）或理查‧布蘭森（Richard Branson，名企業家）的照

片貼在冰箱門上，並無法讓你的身材小一號或事業蓬勃發展。同樣的，靠意志力或壓抑想法來拋開腦中的奶油蛋糕與巧克力聖代、把焦點放在萬一達不到目標會發生的壞事上、或是做白日夢等等也是在浪費時間，這些技巧都是讓人無法掌握人生的激勵迷思。

但是使用問卷裡的奇數技巧時，則出現不一樣的結果，這五種技巧都大幅增加了達成目標的機率，我們就逐一來看這幾項技巧吧。

首先，成功的受測者規畫了一套計畫。作家吉格‧金克拉（Zig Ziglar）說過一句名言：到處閒晃並不會讓你突然登上聖母峰的頂端。同理，在人生中漫無目的地遊蕩，也不可能讓你突然創業或體重大減。成功的受測者是把整體計畫分成連串的小目標，規劃循序漸進的流程，消除因想要大幅改變人生而產生的恐懼與遲疑。當小目標是具體、可衡量、有時間表時，這套計畫特別有效。成功與不成功的受測者可能規劃的目標都是找到新工作，但成功的人會很快提到他們第一週會更新履歷表；接下來的六個月，每兩週申請一個新工作。同樣的，雖然很多人都想過更好的人生，成功的受測者會提到他們每週有兩晚要和朋友一起度過，或是每年去一個國家旅行。

第二，成功的受測者比較可能讓親朋好友與同事知道他的目標。雖然不透露目標可以減少失敗的恐懼，但是那也可能讓你避免改變生活，恢復原來的習慣，這和心理學一些重要的結論不謀而合。把目標公開時，人比較可能堅持觀點與承諾。在一項經典實驗中，研究人員請學生評估他們在筆記本上畫的一些線有多

長，然後公開他們的估計值（寫在一張紙上，簽名，交給實驗人員），或是不透露估計值。實驗人員告知受測者估計錯誤時，願意公開估計值的人比較可能堅持自己的觀點。有些研究顯示，公開告知愈多人，產生的激勵效果愈大。告訴別人你的目標有助於目標的達成，因為親朋好友往往會在困境中給你亟需的支持。有些研究顯示，有朋友支持你可以讓人生過得更輕鬆。普利茅斯大學（University of Plymouth）的西蒙‧施納爾（Simone Schnall）做過一連串的實驗，他把受試者帶到山下，請他們估計山有多陡，爬上山有多難。受試者有朋友作伴時，估計值比自己一人時少約15%。甚至看著山坡時，光是想著朋友，就會覺得山路比較好爬。

第三，成功改變人生的人通常會提醒自己達到目標的好處。這和想像完美自我的情況不一樣，他們是思考達成目標後，生活會有哪些客觀的改善。不成功的受測者通常是一心想著，萬一失敗會讓他們持續陷在目前的負面狀態中。例如，請受測者列出找到新工作的好處時，成功的受測者可能是思考找到比較有成就感、薪水較好的工作是什麼樣子。不成功的受測者可能是想著，萬一找不到新工作，會讓他們有志難伸，悶悶不樂。在減重方面，成功的受測者可能會談論身材小一號後，他們看起來有多好看，感覺多好。失敗的受測者則是談到，體重減不下來，會讓他們對外表持續感到不滿。前面的技巧鼓勵受測者期待比較正面的未來，後面的技巧則讓人一心想著令人不滿的事件與經驗，因而失去動力。

第四，獎勵的重要。成功的受測者會在計畫中為每個小目標

設定小獎勵，那獎勵不會和整體目標互相衝突（不是以大吃巧克力來慶祝維持了一週的健康飲食），而是讓他們有所期待，提供一些成就感。

第五，成功的受測者也會以書寫的方式，盡量讓他們的計畫、進度、成效、獎勵變得更具體，很多人都有寫日誌的習慣，有些人是用電腦，有些人是在冰箱或布告欄上畫滿圖表。不管是用什麼方法，書寫、打字、或畫圖都可以大大提升成功的機率。

為了達到目標與抱負，有四個重要技巧可以幫你成功：規畫適切的計畫、把目標告知親朋好友、鎖定成功的效益、給予自己階段性的獎勵。為了幫你把這些技巧融入生活中，我設計了以下的激勵日誌，可用在各種形式的改變上。

1. 你的整體目標是什麼？

我的整體目標是……

2. 規畫循序漸進的計畫

把整體目標分成最多五個小步驟，每個步驟都要有一個具體、可衡量、切合實際的目標，還要有時間表。想想你要如何達成每個步驟，達成時會給自己什麼獎勵。獎勵可以是你想要的任何東西，或許是甜食、新鞋或新衣、科技新品、書籍、上館子、去按摩。

步驟一

我的第一個小目標是……

我覺得我可以達成這目標，因為……

為了達成這個小目標，我要……

這將在以下日期之前達成……

達成目標的獎勵是……

步驟二

我的第二個小目標是……

我覺得我可以達成這目標，因為……

為了達成這個小目標，我要……

這將在以下日期之前達成……

達成目標的獎勵是……

步驟三

我的第三個小目標是……

我覺得我可以達成這目標，因為……

為了達成這個小目標，我要……

這將在以下日期之前達成……

達成目標的獎勵是……

步驟四

我的第四個小目標是……

我覺得我可以達成這目標，因為……

為了達成這個小目標，我要……

這將在以下日期之前達成……

達成目標的獎勵是……

步驟五

我的第五個小目標是……

我覺得我可以達成這目標，因為……

為了達成這個小目標，我要……

這將在以下日期之前達成……

達成目標的獎勵是……

3. 達成整體目標的效益是什麼？

列出三個重要的效益，把焦點放在達成目標可以讓你和周遭的生活變得多好。鎖定和你渴望的未來有關的效益，而不是逃避目前的負面情境。

效益一：＿＿＿＿＿＿＿＿＿＿＿＿＿＿＿＿＿＿＿＿＿

效益二：＿＿＿＿＿＿＿＿＿＿＿＿＿＿＿＿＿＿＿＿＿

效益三：＿＿＿＿＿＿＿＿＿＿＿＿＿＿＿＿＿＿＿＿＿

4. 公開

你想讓誰知道你的目標與小目標？或許是親朋好友或同事？你可以在部落格上寫出來，或是貼在家裡或辦公室內顯眼的地方嗎？

我要用下面的方式公開：＿＿＿＿＿＿＿＿＿＿＿＿＿＿

要怎麼改掉拖延的壞習慣？

研究發現，**24%**的人覺得自己有習慣性拖延的毛病，由於這研究應該是根據準時提交的問卷所做出來的結論，這數字想必是低估了。不論真正的數字是多少，拖延顯然是一大問題，讓人無法準時繳交帳單，無法在時限內完成專案，無法充分準備重要的考試與面試。拖延是複雜的現象，原因有很多種，例如害怕失敗、完美主義、自制力低落、無法把專案分成小部分來看、容易無聊、覺得人生太短、不該擔心看似不重要的議題、無法精確估計事情需要多久才能完成。

不過，有個小技巧可以克服這樣的問題，這技巧是無意間觀察服務生時才第一次被發現。研究資料顯示，一九二〇年代，俄國心理學研究生布盧瑪・柴加尼赫（**Bluma Zeigarnik**）在一家維也納餐廳裡和教授一起用茶。研究人性是他們的專業，所以他們一邊觀察服務生與顧客的行為，碰巧發現一個古怪的現象。顧客要求結帳時，服務生可以輕易想起客人點過什麼東西。但是客人付完帳後，過了一會兒再問剛剛點過的東西，服務生卻怎麼也想不起來。結帳在服務生的腦中似乎意味著事情的結束，讓他們從記憶中清除點餐的內容。

柴加尼赫對此很好奇，就回實驗室去驗證這個想法。她請一些人做幾件簡單的事（例如整理櫥櫃或把玩具放入箱裡），不過有些事在受測者還沒完成時，她就叫他們停手。實驗結束後，她請受測者說明所有的任務。結果就像她看到的服務生那樣，她發現人會一直惦記著沒完成的事，所以這些事比

較容易想起來。柴加尼赫認為,當開始做一件事情會讓大腦產生一種心理焦慮感,活動一旦結束,大腦也會不自覺地放鬆,忘了一切。如果你不知怎的無法完成活動,不安感會一直暗暗地干擾著你,直到你完成為止。

這和拖延有什麼關係?拖延通常是因為眼前的工作讓你吃不消,而導致你延遲動手。但是,如果你或別人可以說服你「只要做幾分鐘」,通常會讓你產生動力,完成任務。研究顯示,「只要幾分鐘」法則對於克服拖延非常有效,可以幫人完成最艱難的工作。那也是柴加尼赫研究的最佳應用:剛開始活動的那幾分鐘讓大腦產生焦慮,直到工作完成後才肯停歇。

研究未完成活動的心理,只是柴加尼赫的諸多有趣研究之一。在另一項研究中,她想讓因歇斯底里而癱瘓的病人恢復行動,所以她請研究人員穿軍裝,突然走進房間,命令病人站起來。可惜,那研究的結果已湮滅在時光中,最近一位俄國的傳記家指出,那些研究已經不可能重做,因為俄國現在再也找不到對軍人或政治人物那麼敬畏的人了。

雙重思想

「雙重思想」是腦中有兩種相反的想法，但大腦對兩者全盤接受。採用雙重思想，比光是想像優點或光是鎖定負面的效果更好。

這單元一開始，我提到賓州大學的奧廷根如何以實驗證實，想像自己達成重要目標會有負面效果。奧廷根的其他研究也顯示，把那樣的幻想轉變成正面的工具其實不難。事實上，只需要運用一點歐威爾的雙重思想就行了。

喬治·歐威爾（George Orwell）在《一九八四》中介紹雙重思想的概念，他說那是腦中有兩種相反的想法，但大腦對兩者全盤接受。在歐威爾的小說裡，極權政府用這個技巧持續重寫歷史以控制民眾。不過，最近的研究顯示，同樣的點子也可以做比較有利的應用，幫人達到目標與抱負。奧廷根猜測，最有效的心理狀態應該是對達成目標抱持樂觀的態度，也實際看待一些可能遇上的問題。為了一探究竟，她規畫一套罕見的程序，鼓勵大家在腦中抱持兩種想法，她再進行一連串的研究，評估這種方法的效用。

那程序很簡單，她請受測者想著想要達成的事情，例如減重、學習新技巧、戒酒。接著，她請他們花點時間幻想達成目標的情況，寫下達成目標的兩大好處。之後，她再請他們花點時間思考，實踐抱負時可能遇到的障礙與問題，並寫下可能遇到的兩

大議題。現在換雙重思想上場了，她請大家先想第一個好處，詳細說明那個優點如何讓生活變得更美好。之後，她馬上請他們思考可能遇到的最大障礙，把焦點放在他們遇到困難時可能會怎麼做。接著，再重複思考達成目標的第二個優點，以及第二大可能的問題。

在幾次實驗中，奧廷根發現這種程序兼具兩個方法的優點。當大家把焦點放在改善目前的關係時，她發現採用雙重思想，比光是想像優點或光是鎖定負面的效果更好。她把雙重思想的程序套用在前面提過的暗戀實驗上，結果採用「幻想——實際」技巧的人，比只夢想著完美約會或是總覺得告白很難的人更成功。其他的研究也顯示雙重思想在職場上很有效，可以鼓勵員工更熱情投入訓練課程，更有效地授權，並改善時間管理的技巧。

研究證實，使用視覺想像的確可能產生激勵的效果，關鍵在於會交錯思考達成目標的優點以及實際評估可能遇上的問題，在兩者之間取得平衡。總之，就是所謂的雙重思想。

以下練習是根據雙重思想設計的，可以用來激勵你達成目標，遇到困難時鍥而不捨，堅持下去。

1. 你的目標是什麼？

2. 潛在優點與可能的挫折

    a. 寫下一個詞，反映如果你達成目標，你的人生會有什麼重要的轉變。

    b. 寫下一個詞，反映你在追求目標時，可能阻撓你的重大障礙。

    c. 寫下一個詞，反映如果你達成目標，你的人生會有的另一個重大轉變。

    d. 寫下一個詞，反映你在追求目標時，可能阻撓你的另一大障礙。

3. 詳細説明

    在另一份文件上詳述上一題的答案。

- 詳述a問題的答案，想像達成目標可能衍生的所有效益。
- 詳述b問題的答案，想像障礙如何阻礙你成功，以及你因應障礙的步驟。
- 詳述c問題的答案，想像達成目標可能衍生的所有效益。
- 詳述d問題的答案，想像障礙如何阻礙你成功，以及你因應障礙的步驟。

替自己寫悼詞的優點

在狄更斯的《小氣財神》（*A Christmas Carol*）中，三個幽靈邀請施顧己同遊，前兩個鬼魂是「過去的聖誕幽靈」與「現在的聖誕幽靈」，他們讓施顧己看到他的自私自利為何會讓他的人生變得如此孤獨悲慘。後來「未來的聖誕幽靈」出現，帶施顧己看到他的雜亂墳墓已被人遺忘，他終於改變性格，變成比較樂善好施，慈悲為懷。狄更斯是探討長遠眼光的效果，並思索死後的世界，不過很多心理學家也做過一樣的研究，他們發現像施顧己那樣的轉變也可以發生在現實生活中。

在一項研究中，研究人員在街上攔下路人，請他們用0~10的等級，評估他們對最喜歡的慈善機構有何看法（「這個慈善機構對社會的貢獻有多大？」、「你覺得社會多需要這個慈善機構？」、「你對這個慈善機構的滿意度如何？」）有些路人是在行經葬儀社時被攔下來訪問，有些則是在過了幾個街區後，才在一棟不起眼的建築前停下來受訪。研究人員在葬儀社前面進行訪問時，他們刻意讓受測者面對一個大型招牌，那招牌寫著「郝氏葬儀社」。結果出現類似施顧己的效應，面對葬儀社受訪的人比站在不起眼建築前面的受訪者更樂於行善。

密西根大學（University of Michigan）的克里斯多福·彼德森（Christopher Peterson）認為，鼓勵大家想想死後希望別人怎麼記得他，可以產生許多激勵的效果，例如幫他們確認長期目標、評估他們實現那些目標的進度。所以我們廢話不

多說，快點來喚起你「未來的聖誕幽靈」吧。

想像一位摯友參加你的喪禮，為你念悼詞，你來幫朋友寫這份悼詞吧！你希望他們怎麼稱頌你？不必客氣，不過內容要切合實際。你希望他們怎麼形容你的個性、優點、家庭生活、事業成就、待人接物？你寫完後，仔細誠實地閱讀這份悼詞，找尋理想的自己。以你目前的生活方式與行為來看，那些稱頌實至名歸嗎？還是你仍須努力？

節食與飲酒

一般人開始或停止吃喝時，通常不是依循身體的直覺。了解影響攝食的隱性因素後，我們就可以想一些迅速有效的技巧，減少飲食與飲酒量了。

　　調查顯示，多數人這輩子都曾想過節食或減少飲酒量。不過同樣的調查也顯示，大部分的人都失敗了，他們通常把失敗歸咎於缺乏動力。部分原因在於，一般人開始或停止吃喝時，通常不是依循身體的直覺，而是在不知不覺中受到許多不同因素的影響。康乃爾大學的布萊恩·汪辛克（Brian Wansink）終其學術生涯，致力於了解一些影響我們飲食的不尋常因素，他的研究結果顯示，我們的餐桌上充斥著許多不理性的現象。

　　在一項研究中，汪辛克與同仁懷疑，我們決定要不要繼續吃，可能是在無意間受到一個簡單問題的影響：「我吃完了沒？」所以汪辛克為湯碗製作了一個特殊的碗底，他可以透過暗藏的管子，偷偷把湯持續注入碗內。一群受測者圍坐在桌邊，一邊聊天，一邊喝湯二十分鐘，然後向實驗者表達他們對湯的看法。他們在不知情下，有一半的人是喝著「無限續滿」的湯，一半是喝著正常的湯。

　　驚人的是，那些使用無限續滿湯碗的人比用一般湯碗的人多喝了75%的湯。此外，多喝湯的人也不知道他們到底喝了多少，他們自己並沒有覺得比使用一般湯碗的人還餓。

不過，值得安慰的是，了解影響攝食的隱性因素後，我們就可以想一些迅速有效的技巧，減少飲食與飲酒量了。

慢食的力量

　　有些研究顯示，慢食可以讓人少吃一些，或許是因為這麼做可以讓大腦以為我們已經吃很多了，也讓身體有額外的時間消化食物。彭寧頓生物醫學研究中心（Pennington BioMedical Research Centre）的柯比・馬汀（Corby Martin）與同仁找來一群超重的受測者，請他們以三種不同的速度吃午餐：正常速度、放慢一半的速度、先以正常速度進食，然後放慢一半的速度。結果減緩速度讓男性吃得較少，女性並沒有差異。不過，先以正常速度開始進食，之後再放慢速度，則讓男性與女性的食慾都大幅降低了。「先正常後放慢」的方式比「從頭到尾都放慢」更有效，這表示飽足感的關鍵在於先以正常速度進食，然後再好好享受每一口的滋味。

用瘦高的杯子

　　康乃爾大學的汪辛克與克特・凡・伊特森（Koert van Ittersum）叫學生拿一瓶威士忌倒一杯酒，結果拿到矮胖杯子的人平均比拿到瘦高杯子的人多倒了30%的酒。大家似乎是根據液體的高度來判斷杯裡的容量，沒注意到一個杯子比另一個杯子寬。研究人員後來又找經驗豐富的酒保來做實驗，結果發現他們在矮胖杯子裡倒的酒量平均也多了20%。所以如果你想減少飲酒量，就別用矮胖的杯子，只用瘦高的杯子。

眼不見為淨

　　研究證實，把食物或酒移到視線之外，或移開幾米遠，就可以大大減少我們的攝取量。在一連串的研究中，實驗人員把巧克力罐放在辦公室內不同的地方，仔細計算員工吃掉多少巧克力。在一種情況下，他們是比較把罐子放在員工的桌上和放在離桌子兩公尺的地方有何差異。另一種情況下，他們是把巧克力分別放在透明或不透明的罐子裡。罐子放在員工桌上時，員工平均每天多吃六顆巧克力。透明罐內巧克力消耗的速度比不透明罐快46%。類似的原則也可以套用在屋內的食物上，在另一項研究中（論文名稱是〈何時儲糧消耗得最快？購物後攝食與攝取量的方便——凸顯架構〉），研究人員在受測者的家中堆積大量或適量的即時點心，結果發現囤積量愈多的家裡，攝食速度快兩倍。所以為了減少攝食量，應該把誘人的食物移到視線之外，放在難拿的地方，例如櫥櫃頂層或地下室。

專心用餐

　　吃東西時分心，沒注意食物，就會吃得比較多。有一個實驗發現，看電影的人對電影的專注程度和他們的爆米花攝取量有關係。愈沈迷於電影的人，吃的爆米花愈多。在另一個實驗中，午餐時間聆聽偵探故事的人也比靜靜吃飯的人多吃15%的食物。吃東西時分心，例如看電視、讀雜誌、或是和人交談，都會讓人吃得更多。

注意大容器

　　你的食量會受碗盤與湯匙大小的影響嗎？幾年前，汪辛克邀請一群朋友來開派對，在暗中做了一個實驗，他隨機發給每位來賓一個容量十七盎司或三十四盎司的碗，以及兩盎司或三盎司的湯匙。他讓賓客自己取用冰淇淋，不過他們要吃第一口前，研究人員會先把碗拿去秤重。結果顯示，拿到大湯匙與大碗的人平均分別比拿到小湯匙與小碗的人多裝了14%與31%的冰淇淋。賓州大學的安德魯・蓋爾（Andrew Geier）與同仁證明，那效果不只發生在冰淇淋與派對上，在他們的研究中，他們把一盆M&M巧克力放在系辦的走廊上，連同一隻湯匙，和一個標示寫著：「盡情享用：請用湯匙取用」。有時候實驗人員是把小湯匙放在盆邊，有時候是放大湯匙。結果發現，放大湯匙時，大家取用的巧克力數量幾乎是放小湯匙時的兩倍，所以換掉大容器與大餐具也可以幫你減少攝取量。

寫飲食日誌

　　凱瑟健康研究中心（Kaiser Permanente's Center for Health Research）做的研究顯示，記下每天吃多少可以幫你減重。在研究期間，每天做記錄的受測者比沒做紀錄的人多減了兩倍的重量。你不需要像日記作家山謬・派比（Samuel Pepys）那樣才能收到成效，只要在便利貼上大致寫下你吃了什麼就行了，寄電子郵件給自己也有同樣的效果。根據理論，每天注意自己吃了什

麼，可以幫你改掉壞習慣，吃少一點。

後悔與倒影

　　對身材不滿意，卻很難激勵自己上健身房嗎？你可以試著掌握後悔的力量，但避免看到鏡中的自己。查爾斯・亞伯拉罕（Charles Abraham）與帕斯卡・席蘭（Paschal Sheeran）的實驗發現，想一下你不上健身房會有多後悔，就能激勵你離開沙發，去騎健身腳踏車。到健身房以後，要避開寬大的落地式大鏡子。麥克馬斯特大學（McMaster University）的馬丁・吉尼斯（Martin Ginis）與同仁的研究是探討面對鏡子或牆壁踩腳踏車的差異，結果發現常看到鏡中身影的人比較沒有活力，也比較疲累。研究人員認為鏡子讓人注意到不完美的身材，反而有害無益。

消耗更多體力

　　想想你可以用什麼方法小小改變日常慣例，讓你消耗更多的卡路里，例如做家事，用上光蠟擦拭打蠟，而不是用噴霧劑（擦拭比噴霧消耗體力）；多爬樓梯（上班別搭電梯，或是利用做家事時跑上跑下的勞動）；走路或割草時聆聽輕快的音樂，讓動作更有活力。

廚房裝鏡子

　　愛荷華州立大學（Iowa State University）的史黛西・山提茲

（Stacey Sentyrz）與布萊德‧布須曼（Brad Bushman）的研究顯示，在廚房裡放鏡子可以幫你減重。在好幾個研究中，研究人員讓受測者選擇吃健康食物或垃圾食物。其中一次研究是在超市裡，他們讓近千位購物者選擇試吃新推出的全脂或脫脂人造奶油。有一半時候，他們在桌子後方放一面鏡子，讓受測者看到自己的身影，另一半時間則不放鏡子。有鏡子時，試吃全脂人造奶油的人數大幅下降32%，研究人員認為，看到自己的身影會讓人更注意身材。

減肥包裝的陷阱

超市裡充斥著甜食與洋芋片的小量「減肥包裝」，幫你控制口慾，少吃一點。但是買那樣的包裝真的可以幫你減少攝取量嗎？為了一探究竟，荷蘭提堡大學（Tilburg University）的研究人員給受測者兩包一般包裝的洋芋片與九包減肥包裝的洋芋片，然後叫他們看電視。他們開始享用零食與看電視之前，先對著鏡子秤體重，讓他們產生「節食心態」。研究結果發現，拿到減肥包裝的受測者吃的洋芋片是拿一般包裝的兩倍。研究人員推測拿減肥包裝的人可能覺得不需要太自制，結果反倒吃得更多。

CHAPTER **4**

創意 Creativity

第四章
創意

如何破解腦力激盪的迷思？
如何靠瞄一眼現代藝術、躺下來，
或是在桌上擺放植物等方法來發揮創意？

一九四〇年代初期，在廣告界擔任高層的艾力克斯・奧斯本
（Alex Osborn）表示，把一群人放在一個房間裡，叫他們依循
一套簡單的原則進行討論，就有可能提升創意，例如盡可能提出
大量的想法、鼓勵天馬行空的點子、不要批評或評估任何人的看
法等等。奧斯本宣稱：「和一群人合作思考時，會比獨立思考想
出的點子多兩倍。」當然，他的創新方法很快就席捲全球。多年
來，全球各地的公司都鼓勵員工用這種方法解決關鍵問題。

研究人員費盡心思測試了集體腦力激盪的效用。在一個典型
的實驗中，他們把一群受測者隨機分成兩組，其中一半是「集體
合作組」，他們一起待在一個房間裡。研究人員告訴他們標準的
腦力激盪原則，請他們想辦法解決特定的問題（例如設計新的廣
告活動，或是想辦法解決交通阻塞的問題）。另五人則是各自待
在五個房間裡，實驗者也是給他們同樣的指示與任務，請他們獨
自想辦法解決問題。事後研究人員加總兩種情況下想出的點子
數，並請專家評估點子的優劣。結果研究顯示集體腦力激盪的效
果會優於獨立思考嗎？很多科學家都不太相信。英國肯特大學

（University of Kent）的布萊恩‧穆蘭（Brian Mullen）與同仁分析以這種方式測試腦力激盪效用的二十個研究，他們驚訝地發現，多數實驗中，獨自思考的受測者想出來的點子數量與品質都比團隊優異。

其他研究顯示，集體腦力激盪可能失敗，一種名叫「群性虛耗」（social loafing）的現象可能是原因所在。一八八〇年代末期，法國農業工程師馬克斯‧林格曼（Max Ringelmann）一心想讓工人盡可能提高效率。他試過數百種實驗後，在不經意下發現一個意外的效果，就此啟發了一世紀的心理研究。林格曼有一項研究是叫人拉繩子升起重物，他原本預期團隊合作會比一人獨自拉起時更努力，但實驗結果正好相反。一人獨拉時，可拉起八十五公斤；但集體拉動時，一人平均只拉六十五公斤。其他的研究顯示，這種現象就像第二章「說服」提過的旁觀者效應，主要是因為責任分散所致。一人獨自運作時，成敗完全取決於自己的能力與努力。成功時，榮耀一人獨享；失敗時，責任一人獨擔。加進其他人後，每個人突然間都不是那麼努力了，因為他們知道團隊做得好，個人也不會受到讚美；團隊做不好，總是可以怪到別人頭上。

研究顯示，很多種情況下都可以看到群性虛耗的現象。叫大家盡量製造噪音時，一人製造的噪音比加入團隊時製造的還多；叫大家加總一排數字時，愈多人一起加總，工作效率愈差；叫大家想點子時，一人構思比團隊思考更有創意。這是一種普遍的現象，在世界各地的研究中都可以看到，包括美國、印度、泰國、日本等地。

總之，如今許多研究顯示，七十多年來，運用集體腦力激盪可能沒有激發創意，反倒在無意間壓抑了創意。大家合作時，並沒有誘因投入更多的時間與精力，以思考優異的點子，大多時候都無法跳脫窠臼，做另類思考。

所以想發揮創意，只要遠離群體就行了嗎？不是。事實上，有些研究顯示，如果你真的想發揮創意，可以採用幾個又快又有效的技巧。你只需要瞄一眼合適的現代藝術作品，工作時躺下來，什麼也不做，或在桌上擺放植物就行了。

測試創意

心理學家想出許多稀奇古怪的方法來測試創意。有時他們給受測者一塊磚頭，讓他們在幾分鐘內思考磚頭的可能用法；有時他們給受測者一枝鉛筆與一張方形的紙，叫他們把紙折成不同的東西（例如電視、魚缸、書等等）。在這兩項實驗中，研究人員都會計算受測者想出的點子數，並評估那些點子的原創性。研究人員也常使用多種視覺與言語上的橫向思考問題，你可以試試以下的問題，測試你的創意：

1) 你能否在下列算式中加一條線讓算式成立？（唯一的規定是你不能把那條線斜放在等號上，讓等號變成不等號 ≠）。

$$10\ 10\ 11 = 10.50$$

2) 喬安娜和傑基是同年同月同日生，他們父母相同，但他們
   不是雙胞胎，為什麼？

3) 一個男人和鎮上二十個不同的女人舉行婚禮，她們都還活
   著，他也沒離過婚。一夫多妻是非法的，但這個人卻沒有
   違法，為什麼？

4) 一個人走進古董店，想賣掉一個漂亮的銅幣。銅幣的一
   面是羅馬皇帝的頭像，另一面顯示**500B.C.**（西元前五百
   年），古董商馬上就知道那銅幣不是西元前五百年製造
   的，為什麼？

【答案】
1) 這和時間有關。在第二個1上面加一橫，把**10**變成**To**，那
   算式就變成「**10 TO 11=10.50**」（差十分到十一點），亦
   即十點五十分。
2) 喬安娜和傑基是三胞胎中的兩位。
3) 那人是牧師，是婚禮的證婚人。
4) 西元前五百年是在耶穌誕生之前，所以那時製造的硬幣不
   會印上**B.C.**（**before Christ**）的簡寫。

聆聽內向者的創意

當你要請人幫即將上市的巧克力棒想個廣告活動，一個是有創意但相當內向的人，另一個則是沒那麼有創意、但很聰明的人，你知道誰能給你新穎的點子嗎？你可以拿根巧克力棒吸引聰明人的注意力，然後聽聽內向者的想法。

　　超現實主義畫家達利有時會以罕見的技巧激發繪畫的點子，他會躺在沙發上，放一個玻璃杯在地上，小心翼翼地把湯匙的一端放在杯子邊緣，一手輕輕握著湯匙的另一端。當他漸漸進入夢鄉時，自然會鬆開手上的湯匙，湯匙掉進杯裡的聲音會吵醒他，他就立刻把半夢半醒間腦中產生的奇怪形象畫下來。由於他有很多想法看來都不太實際（例如龍蝦電話），這個技巧顯然不適合每個人，但那不表示你的潛意識就無法產生創意思想。

　　事實上，有好幾個研究顯示，你的潛意識裡可能有很多你意想不到的想法。德州農工大學（Texas A&M University）的史蒂芬·史密斯（Stephen Smith）用一個簡單的實驗證明了這點，他給受測者看暗示常見片語的字卡謎語，請他們盡量解答。例如，他請受試者解開下列文字組合中暗示的片語。

YOU JUST ME

　　答案是「just between you and me」（Just介於you與me之間，

意思是「不要告訴第三者」）。現在你大概知道這怎麼玩了，試試以下三個題目：

Sale Sale Sale Sale

Stand

I

Bro　Ken

答案分別是「for sale」（和4 sale同音，意思是「出售」）、「I understand」（I在stand下面，意思是「我了解」）、「broken in half」（斷成兩半）。在史密斯的實驗中，如果受測者解不開謎題，實驗人員會請他休息十五分鐘後再試試看。有三分之一以上的人第二次再試時就解開謎題了。休息時，受測者並沒有刻意去解題，但下意識已對謎題產生新的有用觀點。

最近的研究顯示，你甚至不需要休息十五分鐘，只要隔一下子，也可以達到一樣的效果。阿姆斯特丹的心理學家艾波·狄克斯特霍斯（Ap Dijksterhuis）與特恩·莫斯（Teun Meurs）為了探索創意與下意識，做了一連串罕見又有趣的實驗。他們針對下意識與創意的本質，提出了簡單易懂的看法。想像有兩人在一個房間裡：其中一位相當有創意，但很內向；另一位很聰明，但沒那麼有創意，態度比較強勢。現在想像你進入房間，請他們為新上市的巧克力棒想廣告活動。果然，整個討論中，幾乎都是比較

愛現但不是特別有創意的那個人在講話，他不讓比較內向的伙伴貢獻點子，結果得出來的想法雖好，卻沒什麼新意。

現在想像有點不同的情境，你還是走進一個房間，請他們想點子。不過，這次你叫那個愛現的傢伙看影片，分散他的注意力。在這種情況下，內向的人就可以提出他的看法，你因此得到完全不同但更有創意的點子。這個例子在很多方面就像在描述你的大腦與創意之間的關係。那個內向的人代表你的下意識，他可以想出很棒的點子，但你通常很難聽到他的意見。那個愛現的傢伙就像你的意識——聰明但不是很有創意，卻很難將它拋諸腦後。

狄克斯特霍斯進行一連串的實驗，想探討分散意識時，會不會讓人變得更有創意。其中最知名的實驗，就是請受測者替義大利麵想一個有創意的新名稱。為了幫助他們思考，實驗者一開始先給他們五個新名稱當範例，每個字都是以i結尾，就像常見的義大利麵名稱一樣。接著他們給受測者三分鐘思考，然後請他們列出想法。以剛剛「房裡二人」的例子來比喻，這些受測者是聆聽愛現者的想法，而不是腦中那個特別有創意的人。實驗人員叫另一組受測者忘了義大利麵，花三分鐘做腦力遊戲，小心追蹤螢幕上移動的點，那個點一變色就按空白鍵。以剛剛「房裡二人」的例子來比喻，這麼做就是要引開那個愛現的傢伙，讓內向的人有機會說出自己的看法。等受測者做完這個分散注意力的遊戲後，他們才請受測者列出義大利麵的新名稱構想。

研究人員設計一套簡單、實用、巧妙的方法，判斷受測者建議的義大利麵名稱應該歸為創意類或是非創意類。他們幫所有名

稱分類後，仔細計算結尾是i與不是i的義大利麵名稱各有幾個。由於實驗一開始給的五個例子都是以i結尾，研究人員認為想出以i結尾的名稱是盲從、沒有創意的；不是以i結尾的名稱比較有創意。

結果相當值得注意，專心思考名稱的人比忙著追蹤螢幕小點的人想出更多結尾是i的字。相反的，追蹤小點的人想到的不尋常義大利麵名稱，幾乎是另一群人的兩倍。所以實驗證明，一旦引開那個愛現的人，有創意的內向者就有機會提出想法，果然就像「房裡二人」理論預測的那樣。

這些驚人的結果讓人進一步透視創意與下意識的關係。「追蹤小點」的受測者覺得他們的注意力與心思完全放在螢幕裡移動的小點上。不過，他們的下意識則是在處理手邊的問題──或許更重要的是，下意識衍生的東西和大腦意識想的不一樣，它是以很不一樣的方式思考，很有創意，做新的聯想，想出真正原創的點子。

很多談創意的文獻強調放鬆的重要，叫大家放輕鬆，清空想法。荷蘭的研究則是提出完全相反的建議：讓意識去忙別的東西一下子，避免它干擾下意識的創新想法，就能衍生真正的創意。每個人都可以變得更有創意，只要讓腦中那個愛現的傢伙處於忙碌狀態，讓內向的傢伙有機會發表意見就行了。

下次想替問題想出創意解答時，試試以下的技巧，看腦中出現什麼。如果以下的字謎不適合你，你也可以解比較難的填字遊戲、數獨、或者其他可以讓你的大腦意識處於忙碌狀態的任務。

A. 你想解決什麼問題？

B. 在下一頁的網格中找出下列十個字，那些字可能是橫列、直列或斜列，可能是正著寫或逆著寫，字與字之間可能有重疊。

SIXTY

SECONDS

CREATIVITY

BOOST

QUICK

RAPID

THINK

CHANGE

NEW

FRESH

答案請看第122頁

Y	V	S	N	S	H	Y	E	X
T	F	R	E	S	H	E	S	D
I	S	Q	H	D	G	T	I	A
V	E	R	A	N	S	S	F	Y
I	T	E	A	O	Q	E	T	T
T	T	H	O	C	U	X	H	O
A	C	B	E	E	I	C	I	N
E	H	I	Q	S	C	H	N	I
R	A	P	I	D	K	E	K	A
C	S	I	T	Q	W	T	T	B

C. 別想太多，隨手在底下列出為問題想出的多種想法與可
能解答。

答案：

香蕉為什麼是黃的？

幾年前我寫過一本關於創意的書，名叫《比能力，更要比眼力》（*Did You Spot the Gorilla?*），書中說明四種幫人以更靈活罕見的方式思考與行動的技巧。以下摘要敘述這四種技巧，並舉一些例子，教你如何實踐。

預備

熱情地解決問題，但之後又做全然不同的事放鬆一下。在放鬆的時候，可以造訪博物館或藝廊、翻閱報章雜誌、搭火車或開車出去玩、或是上網隨機瀏覽，讓大腦吸收多樣的新點子，但不要勉強，讓自己沈浸在新奇的想法與經驗裡就好，讓大腦自己去聯想與創造看似偶然的事件。

改變觀點

改變觀點有助於衍生新奇的解答。試著想像小孩、白癡、朋友、藝術家或會計師會怎麼處理這個問題。或是使用「相似」法則，想像兩種類似的情境（例如，吸引更多客人光臨，就像是街頭藝人想要吸引更多觀眾一樣）。在這些情境中，問題如何解決？那點子可以套用到你的問題上嗎？最後，想想和目前為止想到的方法相反的方式。

歡樂

你太正經時，大腦的運作也會受限。你可以加點歡樂，啟動創意。休息十五分鐘，看一段有趣的影片，在下個會議或電

話中加進「**cheese**」與「**pie**」等字眼，或是用數位編輯軟體修改同事的相片，讓她看起來更像貓頭鷹。

察覺
世界變得太熟悉時，大腦會變成自動運作，不再注意眼前的東西。你可以對世界抱持更多的好奇心，試著把大腦切換成「人工」模式。每週問自己一個有趣的問題，例如大象在數百哩間如何彼此溝通？人為什麼會笑？香蕉為什麼是黃的？……花點時間與精力去發掘可能的答案，哪怕只是為了探詢而尋找。

大自然的力量

綠色植物可以減少孤僻行為,讓人變得更有創意。在辦公室裡擺放花朵與植物可以讓男性員工的點子增加15%,也讓女性員工想出更好的解決方案。

　　一九四八年,喬治・德麥斯楚(George deMestral)在瑞士鄉下散步,回家後發現衣服上黏著小小的芒刺。他把那些討厭的芒刺一一拔除時,決定好好了解這些芒刺為什麼會黏上他的衣服。仔細觀察後,他發現那些芒刺佈滿了小鉤子,可以輕易鉤上織品內的小孔。在這個簡單概念的啟發下,德麥斯楚心想,同樣的點子能不能用來接合不同的表面,後來他發明了魔鬼氈。

　　德麥斯楚的故事常用來說明創意的一大原則:發現某個情境裡的點子或技巧,應用在其他情境中。這個原則的確可以用來解釋許多知名的創意思考案例,例如名建築師萊特(Lloyd Wright)注意到他禱告時的手型,啟發設計教堂屋頂的靈感。不過,創意的背後可能還有一個一樣重要的隱性因素驅動著。

　　很多研究探討過自然環境對人的思考與行為的影響。研究顯示,即使是小小的灌木林,也可以對世界產生很大的助益。醫院病患可從病房的窗口看到樹木時,他們復原的機率也跟著大增。牢房窗口可以看到農場與森林時,囚犯比較不常出現病痛。這效果不只出現在囚犯與病患身上,也影響了每個人的生活。有些研究檢視了綠色植物和犯罪之間的關係,其中一項最巧妙的實驗,

是鎖定芝加哥一個大型的住宅開發案。那個建案特別有趣，原因有二：第一，有些區域包含較多的樹木與綠地，其他地區則宛如都市叢林，建築林立；第二，住戶是隨機分配住屋，所以兩區的犯罪率不會受到收入、背景等其他因素的影響。那次研究的結果令人印象深刻，綠地區比非綠地區少48%的財產犯罪，也少52%的暴力犯罪。研究人員猜測，綠色植物可能讓人心情較好，比較不會犯罪。

　　同樣的，綠色植物似乎也減少了孤僻行為，讓人變得更有創意了。在連串的實踐中，日本心理學家柴田精司與鈴木直人請受測者在精心掌控的辦公環境裡，進行多種創意活動。在一項研究中，有些辦公室裡放著一盆植物，刻意擺在受測者的前面或旁邊；有些辦公室裡沒有植物。在另一項研究中，研究人員比較以雜誌架取代盆栽的效果。研究人員一再發現，放盆栽可以增進創意。這些人工設計的研究結果應用到實際情境中一樣成立，德州農工大學的羅伯‧尤里奇（Robert Ulrich）在職場上做了八個月的創意研究，結果顯示在辦公室裡擺放花朵與植物，讓男性員工的點子增加15%，也讓女性員工想出更靈活的解決方案。在另一項研究中，研究人員發現，孩童在有綠色植物的庭院裡玩的遊戲，比在不毛之地玩的遊戲更有創意。為什麼增添一點大自然就可以產生這些效果？

　　一些理論學家表示，原因可以回溯至數千年前。演化心理學家是以人類的行為如何促進世代繁衍的觀點來解釋，他們認為，面對健康的樹木與植物時，人會產生一種古老的平靜感，那暗示著附近食糧充足，比較不用擔憂下一餐的來源。那樣的愉悅感讓

人更樂於助人、更快樂，也更有創意。

　　所以在鄉間漫步或在適當的位置擺放盆栽，就可以讓人發揮創意嗎？羅徹斯特大學（University of Rochester）的安德魯・艾略特（Andrew Elliot）與同仁做了一項罕見的研究，探討創意與近乎下意識對顏色的反應有何關係。研究人員認為，由於紅色通常和危險與錯誤相關（例如紅燈與老師的紅筆），綠色通常和正面與放鬆相關（例如綠燈與大自然），光是暗示那些顏色就可能阻礙或促進創意的發揮。他們讓受測者看一本內含字謎遊戲的小冊子，用紅筆或綠筆在小冊子的每頁頁角上標記受測者的代碼，請受測者檢查每頁代碼無誤。驚人的是，即使大家只看那些數字幾秒，看到紅字的人只解出了三分之一的字謎。所以證據顯示，想要發揮創意，最好多看綠色。

　　為了激發創意思考，可在室內種植花花草草；窗口最好能眺望樹木與草坪，而不是鋼筋水泥。不要用假造的方式——瀑布海報對創新並沒有幫助，就連顯示天然美景的高畫質螢幕也無法讓人比較放鬆。如果你真的無法把自然導入空間裡，就到附近的綠地走走。另外，利用裝潢啟發創意與創新思考時，避免使用紅色，而是選綠色。如果你想讓別人多發揮創意，同樣的概念也適用——為他們準備綠色的東西（綠色的檔案夾、綠色椅子，甚至你可以穿綠衣服）。

創意需要大風吹

關於團隊的動態與創意，存在著兩派思想。一派覺得不該更換成員，這樣大家比較熟悉彼此，會比較樂於提出稀奇古怪的點子，那正是創意的表現。相反的，另一派認為，不斷更換成員比較能產生新的思想型態。

為了確定哪一派說的對，加州大學的夏藍·奈米斯（**Charlan Nemeth**）與瑪格麗特·歐密斯頓（**Margaret Ormiston**）做了一個頗具啟發性的研究。在研究的第一部份，他們請好幾個小組思考解決真實問題的新方法，例如如何促進舊金山灣區的觀光。接著，有一半的小組維持成員不變，另一半的小組更換成員，組成全新的小組。成員不變的小組覺得他們比更換成員的團隊感情更好，更有創意。不過，從創意的角度來看，結果正好相反，新組成的團隊想出較多的點子，那些點子也比較有創意。

其他的研究顯示，即使只換一個人也可以產生變化。在崔勳錫（**Hoon-Seok Choi**）與莉·湯普森（**Leigh Thompson**）所做的研究中，他們請三人一組的小組盡量思考紙箱的用途。接著，實驗者讓一半的小組維持成員不變，讓另一半的小組只換一位成員，再做一次紙箱用途的思考，結果包含一位新成員的團隊想出更多的創意用法。進一步的研究顯示，新成員提升了小組內兩位原始成員的創意。

所以，在團隊創意方面，有一個訊息很明顯：應該多玩大風吹。即使一個小組過去合作得很好，經常更換成員可以幫團隊激發更多新奇的想法。

小小提示大有力量

想增加創意，輕輕把桌子拉向自己；需要面對艱難的工作，交叉雙臂可以幫助你；而光只要躺下，就能增加10%的解題能力。

　　小提示可能對人的想法產生大影響嗎？荷蘭奈美恩大學（University of Nijmegen）的狄克斯特霍斯（Dijksterhuis）與艾德‧凡‧尼培貝（Ad van Knippenberg）做過一項研究，他們請受測者寫下幾句話，形容典型的瘋狂足球迷或是教授。令人意外的是，他們接著問受測者一些益智問答，剛剛想過典型瘋狂足球迷的人只答對46%的問題，剛剛想過教授的人答對60%的問題。其他的研究顯示，許多不同的情境也出現類似的提示效應。讓人坐在內含金錢符號的電腦桌面前方，他們的行為會變得比較自私、不友善，比較不會捐錢做慈善，和別人坐的距離也比較遠。給面試官一杯冰咖啡，他們在不自覺中會覺得應徵者比較冷淡、不可親。在空氣中加入淡淡的清潔劑味道，大家會比較徹底地整理環境。開會時在桌上放公事包，大家會突然變得比較好勝。這些證據顯示，小小的提示也會產生很大的影響。

　　提示也可以讓人馬上變得更有創意。德國布萊梅國際大學（International University Bremen）的心理學家簡司‧弗斯特（Jens Forster）做了一項研究，他請一半的受測者寫下幾個句子，描述典型龐克族的行為、生活形態、外表（他選龐克族是因

為龐克族「毫無章法、極端」）；請另一半的受測者描述典型的工程師（代表「保守與講究邏輯」）。接著他讓每個人做一模一樣的創意測試，結果發現，先花幾分鐘描述過龐克族的人比先描述工程師的人更有創意。在不知情下，大家發揮創意的能力因為幾個迅速簡單的想法而大幅改變。有趣的是，只有普遍被大家抱持刻板印象的人物範例才會讓人產生這樣的效應，例如龐克族與工程師。叫大家花點時間想達文西，大家的創意就突然沒了。當標準設得太高時，大家無意間會拿自己微不足道的能力和天才相比，因此感到沮喪，也就不再嘗試了。

二〇〇五年，弗斯特做了另一項新的創意提示實驗，證明提示確實可以立即激發創意。弗斯特假設，光是看一件用來激發獨創性的現代藝術品，也可以讓人在無意間變得更有創意。為了驗證這個想法，他叫受測者坐著，分別面向兩張特別繪製的藝術畫，做同樣的創意思考（「思考磚頭的可能用法」）。那兩張畫作約一米平方大，幾乎一模一樣，畫面中都包含十二個大十字架，背景是淡綠色。其中一幅畫的十字架都是墨綠色；但另一幅畫中，有十一個十字架是墨綠色，一個卻是黃色。研究人員猜測，潛意識會認為那個黃色十字架跳脫了代表比較保守與傳統的綠色十字架，所以可以鼓勵比較極端與創意的思考。結果令人驚訝，即使受測者沒有特別注意到那幅畫，坐在「創意畫」前面的受測者想出的磚頭用法比看「傳統畫」的多出許多，專家也覺得他們的想法比較有創意。這結果傳達的訊息很清楚：想讓團隊或個人思考時更有創意，就運用視覺提示的效果。

但其他的研究顯示，不單是坐在罕見的現代藝術畫作前可以

立即增加創意，運用身體的方式也會產生影響。不安與創意之間有很強的關聯，我們擔心時，會變得很專心，只鎖定手邊的任務，趨避風險，依賴舊習慣與慣例，以比較沒有創意的觀點看世界。相反的，我們感到輕鬆自在時，比較可能探索罕見的新思惟與行徑，看清大局，冒險，更有創意地思考與行動。

因為有這樣的關聯，理論上，讓人變得更自在輕鬆，應該會讓人變得更有創意才對。研究人員找來自願受試者，測試多種減少不安的方法，例如漫長的放鬆練習、有趣的電影、聆聽韋瓦第的《四季》等等。結果顯示，雖然誘導那效應的技巧有點耗時，但受試者覺得周遭環境很自在時，會產生更有創意也更有趣的點子。由於速度一直是大家關注的要點，幾年前，心理學家雷諾‧傅利曼（Ronald Friedman）與弗斯特發明一種罕見的技巧，幫人迅速放鬆。結果他們發現，這項技巧也可以順便增進創意。

當你喜歡一個物件時，有時會將它拉近你。同樣的，你不喜歡一個物件時，通常會把它推開。你從出生以來就一直做這種簡單的「推——拉」行為，可能天天一再重複進行。所以，你的腦子裡也會產生根深柢固的聯想，拉的動作和正面的感覺產生關聯，推的動作則比較負面。傅利曼與弗斯特想知道，讓人做一下下這些動作是不是足以觸動相關的感受，進而影響人的創意思考。

他們請自願的受測者坐在桌邊完成同樣的創意活動，例如為某個日常物件思考各種用法，或是解開一些經典的橫向思考謎題。他們請一半的受測者把右手放在桌下，輕輕把桌子往自己的方向拉，藉此隱約提示大腦他們喜歡周遭的環境。他們叫另一半

的受測者把右手放在桌上往下壓，無意間讓他們感覺自己受到威脅。這樣的推拉動作輕到還不足以移動桌子，受測者也都不知道推拉動作可能影響創意。他們一邊用一手輕輕做推拉動作的同時，一邊用另一手完成創意任務。傅利曼與弗斯特發現，思考日常物件的創意用法或激發「靈機一動」的時刻時，拉桌子的人比推桌子的人得分高出許多。

這是個簡單、奇特、有效的技巧，但不是唯一顯示身體可以對大腦創意產生奇特效果的研究。傅利曼和羅徹斯特大學的艾略特做了另一個實驗，他們請受測者解開困難的字謎遊戲，解題時有的人雙臂交叉，有的人把手放在大腿上。就像推拉動作無意間讓人產生喜歡與討厭的感覺一樣，雙臂交叉一般也讓人聯想到固執與堅定。這個簡單的動作足以說服受測者投入更長的時間解題嗎？沒錯，雙臂交叉的人解題時間幾乎是手放大腿者的兩倍。或許更重要的是，他們因此解開了更多的字謎。

其他的研究也為工作時躺下——這或許是最受歡迎的動作——提出科學證明。澳洲國家大學（Australian National University）的戴倫·利普尼基（Darren Lipnicki）與唐恩·拜倫（Don Byrne）做了一項實驗，他們請受測者解開一連串的字謎，有些人是站著解題，有些人是躺著解題。那些字謎難易夾雜，有些題目比較簡單（例如gip變pig），有些困難（例如nodru變round）。有趣的是，受測者躺平時，解題速度約快10%，所以在一定時間內的得分比較高。

什麼原因導致這樣的差異？利普尼基與拜倫表示，原因可能和大腦的一小區有關，那一區名叫「藍斑核」。那區啟動時，一

點點思考就會釋放名叫「正腎上腺素」的壓力荷爾蒙，使心跳加快，全身血流加速，釋放能量。當你站立時，地心引力讓血液往下半身流動，因此增加藍斑核的活動，躺下時則可減少那區的活動。有些研究人員認為，正腎上腺素也可能降低大腦參與某種思考的能力，例如解字謎所需的創意與靈活思考。直立或仰臥的姿勢似乎會大幅影響體內流動的化學要素，讓大腦以很不一樣的方式運作，包括另類思考的能力。

提示

　　為了提示大腦創意思考，你可以花點時間描述典型的音樂家或藝術家是什麼樣子，列出他們的舉止、生活形態與外貌。又或者，你也可以依循弗斯特對創意與型態所做的研究，用以下的設計幫你激發原創的點子。這些圖可以轉變成現代藝術作品，用來裝飾會議室的牆面，或存成電腦桌面，或是以浮水印的方式印在大家記點子的便條紙上。無論是用什麼方式，激發創意從來沒像這樣迅速、簡單過。

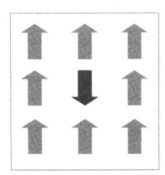

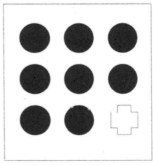

身體運作

　　下次想在會議上發揮創意，可以稍稍把身子前傾，拉桌子。遇到困難時，可以交叉雙臂，幫你在面對失敗時堅持下去。如果還是行不通，你可以躺下來。有人指責你很懶時，你可以冷靜地向他解釋，你是在運用藍斑核克服僵化的思考。

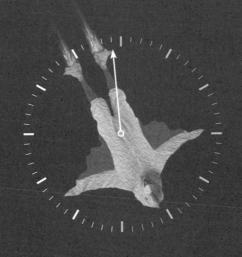

魅力 Attraction

第五章
魅力

為何你不該欲擒故縱？
真正的搭訕技巧為什麼和最簡單的接觸、
搭雲霄飛車、避開人工聖誕樹有關？

想像有人給你一罐裝著十片餅乾的罐子，叫你拿起一片，咬一小口，評估品質和風味如何。現在再想像做同樣的動作，不過這次別人給你的罐子裡只裝兩塊餅乾。罐子裡有幾片餅乾不應該影響你的評價，這麼想似乎是合理的，但合理歸合理，卻是錯的。根據夏威夷大學（University of Hawaii）心理學家史蒂芬‧沃策爾（Stephen Worchel）的研究，從快空的罐子裡取出的餅乾，要比從裝滿的罐子裡取出同樣的餅乾好吃許多。

為什麼會這樣？我們想要珍惜一個物件的程度，有部分是視取得的容易程度而定。裝滿餅乾的罐子顯示餅乾很多，相反的，快空了的罐子顯示餅乾很少，所以更讓人想要。在沃策爾的實驗中，這個簡單的概念無意間影響了受測者對於餅乾的取得與滋味的評價。

同樣的效果也可以解釋收藏家為什麼會花數百萬元買限量的產品，為什麼大家會想看禁書或被禁的電影，零售商為什麼要告訴你存貨有限、欲購從速。但這個效果也可以運用在約會上嗎？想要吸引可能的伴侶時，你應該積極追求看上眼的對象？還是欲

擒故縱？

　　這是讓全世界一些偉大的思想家也傷透腦筋的問題。希臘哲學家蘇格拉底建議妓女狄奧多拉（Theodora）吸引男人的最好方法時，他堅持「不要善待他們，應該讓他們窮追不捨」，他指出：

　　如果妳等到他們來追求妳時才理他們，他們最懂得珍惜。在他們想要之前就給他們上等好肉，他們也會覺得那沒什麼。對已經吃夠的人來說，更是令他們反胃。但是食物再怎麼糟，對餓得發慌的人來說，都猶如天賜。

　　幾百年後，羅馬詩人奧維德也同意：

　　傻瓜，如果你覺得沒必要為了你的女人而好好保護她，也要為了我而保護她，這樣我才會更想得到她。得來容易的東西沒人珍惜，嚴禁的東西卻是如此誘人……如果一個妻子紅杏出牆，她老公也懶得管，我想，還會愛上那種女人的人可能也會覺得去海灘偷沙有趣吧。

　　當代許多探討約會的書籍也呼應蘇格拉底與奧維德的哲理。專家一再建議我們要保持冷靜，讓可能的愛戀對象主動出擊。但是欲擒故縱真的有效嗎？

　　為了一探究竟，夏威夷的艾琳·哈特斐德（Elaine Hatfield）與同仁做了一連串有趣又奇怪的實驗。在第一個研究中，他們讓

學生看十幾歲情侶檔的照片與簡歷，請他們評估那兩個情侶討人喜歡的程度。那些簡歷都是經過仔細設計，讓有些年輕人看起來只約過幾次會就決定告白（亦即「隨和」），其他人則拖了比較久才和對方交往（「欲擒故縱」）。結果和研究人員預期的相反，學生對那些遇到愛戀對象不久就告白的人評價較高，讓他們覺得「大家的確都愛敢愛的人」。研究人員對此不為所動，做了第二次比較實際的研究。

這一次，研究團隊找來一群到婚友社徵友的女性，每次有男性打電話約她們出去時，請她們做出兩種回應。對一半的邀約馬上答應（「隨和」），對另一半的邀約則是等三秒才答應（「欲擒故縱」）。通話結束後，研究人員告訴所有男性，他們是參與一項實驗（亦即「她是裝的」），請他們評估這個約會對象如何。結果發現，欲擒故縱並未影響評分，於是他們懷疑是不是停頓三秒還不夠明顯，所以他們決定讓實驗更明確一點。在另一次研究中，參加婚友社的女性要不是迅速答應（「隨和」），就是停頓一下，解釋她們收到太多邀約，後來勉強安排只喝個咖啡（「欲擒故縱」）。這一次的研究結果顯示……是不是欲擒故縱還是完全沒有差別。

這下研究人員急了，於是他們做出很多人在現實世界求愛中遇到阻礙時會做的事：去找賣淫者。

在一個驚人但少有人知的社會心理學實驗中，研究人員說服一群妓女用兩種方式和客人聊天。她們幫客人倒飲料，開始辦事之前，什麼話也沒說（「隨和」），或是不經意地提到她們快上大學了，以後只接最喜歡的客人（「欲擒故縱」）。研究人員暗

中追蹤每位客人後續一個月聯絡那妓女的次數，結果還是顯示欲擒故縱與回客率完全無關。

為了了解欲擒故縱為什麼是個迷思，哈特斐德訪問了一群男士，他們比較想和渴望交往的人約會，還是和主動追求他們的人約會。多數男性表示，兩者各有利弊。他們說隨和的女性讓人感到比較輕鬆，在一起時比較有趣，但是在大庭廣眾下可能令人尷尬。相反的，欲擒故縱的女人讓人很有成就感，但往往不友善、冷漠，可能在朋友面前讓你難堪。根據訪問的結果，研究人員猜測，最好的策略是讓可能的約會對象覺得你不好追（所以是值得追求的稀有物資），但是要對他很熱情。他們用同樣的技巧測試這個概念（不過這次不用妓女了），發現大部分的證據都支持這個想法。

不過，想要吸引約會對象，不是只有給人「我很挑，是我挑你」的感覺而已。有關約會心理的研究也發現幾種一樣迅速有效的方式。你只需要輕輕觸摸對方，下午去主題樂園，有信心問對方他們最喜歡的披薩餡料是什麼就行了。

觸摸的力量

研究結果證明，女性胸部的大小會影響男性的大腦；輕輕觸碰女性的手臂，也會影響女性的浪漫決定。

　　法國心理學家尼古拉斯・戈根（Nicolas Guéguen）終其一生致力研究日常生活中比較特別的面向，或許其中最特別的一面，就是他對胸部的突破性研究。多年來，心理學家一直很想知道女性胸部對男性大腦的影響，所以他們做了一系列的研究，以科學方法證實大胸脯女性的確對男性有吸引力。這類有趣但不是那麼令人意外的研究卻有一大缺陷，多數研究是在比較人工化的實驗室裡進行的，都是讓男性看胸部大小不同的女性照片，請他們挑選最吸引他們的女性。所以，這類研究每次在學術會議上發表時，其他的科學家都會一再提出同樣的問題：「你說的對，但是在現實生活中，男性真的比較偏好大胸脯的女性嗎？」

　　所以戈根做了研究。

　　戈根決定進行兩項研究，在比較實際的情境中探討胸部大小與男性行為的關係。其中一個研究是改變一位年輕女性的胸部外觀，檢視她在夜店裡被男性搭訕的次數，他後來在〈女性胸部大小與男性搭訕〉論文中說明了這項研究。戈根請那位女性在夜店裡坐一個小時，眼巴巴地望著舞池（實驗報告上說，選她當實驗者是因為她是A罩杯、男同學覺得她姿色普通）。在此同時，躲在一旁的研究人員則是小心計算上前邀她跳舞的男性有幾個，在

為期十二週的實驗期間，實驗人員用乳膠胸墊，幫那位女性的胸部改成B罩杯或C罩杯，結果效果如預期一樣顯著，沒塞胸墊時，一晚有十三名男性上前搭訕。變成B罩杯時，搭訕人數增為十九位。換成C罩杯時，搭訕人數飆升為四十四位。

當然，我們也可以說研究人員是刻意動手腳，得出他們想要的結果。畢竟，去夜店的男人可能大多是去把妹的，在搭訕之前會先多看幾個人。如果我們把這些因素排除，會出現什麼情況呢？如果實驗的情境比較沒有性暗示，男人只有幾秒鐘可以做決定呢？為了一探究竟，戈根做了另一個實驗〈胸部大小與搭便車：實地考察〉。這次他請那位女性站在車水馬龍的路邊攔便車，兩位研究人員坐在馬路對面的車子裡，暗中計算開車經過的男女駕駛人數，以及停下來讓那女性搭便車的人數。一百輛車子經過後，那女性便開始增加或減少胸墊，調整胸部的大小。結果發現，對路過的四百二十六位女性駕駛來說，胸部大小沒有影響。不管罩杯是A或B或C，都有約9%的女性駕駛停下來讓那女性搭便車。相反的，七百七十四位男性駕駛則呈現截然不同的結果，A罩杯女性出現時，15%的男性駕駛停下來讓她搭便車。換成B罩杯時，18%的男性駕駛停下來。換成C罩杯時，24%的男性駕駛停下來。研究人員推論，即使在沒有明顯性暗示的場景中，胸部大小對男性的大腦還是有影響。

戈根的另一個研究是檢視觸摸的力量。許多研究顯示，即使只是觸摸人的手臂一兩秒，也可以產生很大的效果。在一項實驗中，美國的研究人員上街向路人討一角硬幣，稍稍觸摸路人手臂時，可以讓討到的機率提升20%。類似的研究也顯示，同樣的隱

約接觸也可以增加大家響應聯名請願、留小費給服務生、參與超市內試吃（進而增加購買產品的機率）、酒吧裡多喝點酒、參與慈善活動的意願。不過，這樣做也可以大幅增加追求成功的機率嗎？

　　為了一探究竟，戈根安排一位二十歲的男性，在三週到夜店裡搭訕一百二十位女性。搭訕的過程都經過小心掌控以確保一致性。每次都是在播放慢歌時上前搭訕，那男性都是對女性說：「嗨，我叫安東尼，能邀妳跳舞嗎？」在其中一半的情況下，安東尼會輕輕觸碰女性的手臂，另一半情況下是不觸碰。萬一女性拒絕，安東尼就說：「好遺憾，或許下次吧？」然後就離開兩三米，等著搭訕下一位女性。如果女性答應共舞，安東尼就解釋她是參與一項實驗，給她一張單子，上面列了額外的研究細節。誰說浪漫已死呢？

　　戈根做的第二項研究，是請三位男性研究人員上街搭訕女性，向女性索取電話號碼。顯然這三位男性必須要夠帥才行，因為研究報告顯示，「測試前的評估顯示，上街很難要到年輕女性的電話。」這三位男性總共搭訕了兩百四十位女性，他們先稱讚小姐很美，然後建議改天去喝一杯，接著跟她要電話。就像之前的研究一樣，有一半時候，他們上前搭訕時會稍稍觸碰女性的手臂，研究人員要求那些男性等十秒，微笑，凝視女性。如果女性婉拒，就讓那女性離去。如果她答應了，就趕快解釋這一切只是一個實驗，給她一張說明書，並補上最後一句台詞：「感謝妳的參與，很抱歉佔用了妳的時間，或許我們下次會再見面，再會。」

這兩項實驗的結果都很驚人。在夜店裡，不摸女性手臂時，女性答應共舞的機率是43%，但稍稍觸碰手臂時，答應的機率是65%。在街上，沒觸碰手臂時，要到電話號碼的機率是10%，觸碰時要到電話的機率近乎20%。在兩個例子中，稍稍觸碰都大幅增加了成功率。

　　為什麼搭訕時那樣的觸碰那麼有效？許多心理學家認為，答案和性與地位有關。很多研究都證實了一項不是特別令人意外的事實：女性覺得地位高的男性比地位低的男性有吸引力，從演化的觀點來看，那些男性是理想的配偶，因為他們養得起他們兩位與可能的後代。但是女性剛碰到陌生人的當下，要如何判斷陌生人的地位？

　　部分答案在於觸摸，有很多證據顯示，輕輕觸碰給人一種地位高的觀感。例如讓人看一張照片時，照片裡的一人觸碰著另一人。大家一般都會覺得觸摸者的地位高於被摸者。男性搭訕時輕輕觸摸女性的手臂更是如此，多數女性不會察覺到觸摸，但她們下意識會比較看好那位男性。

　　女性常指控男性膚淺，太容易受大胸脯所影響。戈根的搭便車與胸墊實驗的確證實了這種現象，不過，他對搭訕女性的心理研究也證實，當肢體給人地位較高的暗示時，女性的浪漫決定也可能受到肢體因素的影響。或許這些實驗透露的真實訊息是，我們骨子裡都比我們想的還要膚淺。

　　如果你想讓人幫你，可以輕輕觸碰他們的手臂，同樣的動作也可以讓女性覺得男性比較有魅力，不過前提是觸碰要簡短，只限於上臂，而且是在恭維或提出要求的時候觸摸。不過要小心，因為這很容易弄巧成拙，觸摸是很強烈的社交訊號，即使只是差個幾吋，都有可能產生對方邀你進來喝咖啡或報警處理等兩種天差地別的結果。

評估你的愛情型態

三十幾年的心理研究顯示，在幾種不同的戀愛型態中，多數人所屬的戀愛型態大致上是固定的，通常一輩子都不會改變，這型態也對他們的感情產生重要的影響。以下問卷可以幫你洞悉你是三種戀愛型態中的哪一種。

花點時間閱讀以下九項敘述，視各項敘述符合你的程度給予評分，有些敘述是指特定的一段感情，有些則是指你大致的想法。回答問題時，盡量想著你目前的伴侶，如果你現在沒有對象，就想著你最近的伴侶。如果你從未交往過，則根據你覺得你會展現的想法與行為來回答。不要花太久時間思考每項敘述，請誠實作答。

評分

1=極不同意，5=極同意

1	我見到我的伴侶時，當下就深受吸引。	1 2 3 4 5
2	談感情時，我覺得某一型的人特別有魅力， 我的伴侶就是那一型的。	1 2 3 4 5
3	我和伴侶都覺得我們是如此適合彼此。	1 2 3 4 5
4	我很重視從深厚友誼進展為愛情的關係。	1 2 3 4 5
5	我沒辦法確切指出我是在哪個時間點愛上他的， 感覺那是在一段比較長的時間裡發生的。	1 2 3 4 5
6	愛情不是神祕的感覺，而是一種極致的關愛 與友誼。	1 2 3 4 5
7	我的伴侶如果知道我正在做的某些事，	

	他會不高興。	**1 2 3 4 5**
8	我喜歡同時和不同的對象交往。	**1 2 3 4 5**
9	失戀後，我通常很容易振作起來。	**1 2 3 4 5**

計分：這份問卷衡量三種主要的愛戀型態，根據希臘哲學家柏拉圖首先提出的概念，心理學家通常稱這三種型態為：**Eros**（情慾型）、**Ludus**（多情型）、**Storge**（友誼型）。為了計算你每一型的分數，請按以下敘述加總得分。

敘述1、2、3 = 情慾型
敘述4、5、6 = 友誼型
敘述7、8、9 = 多情型
你哪個分數最高，就表示你屬於哪一型。

情慾型
這類情人對於他們想要的伴侶具有哪些身心特質有強烈的想法。他們遇到適合的對象時，常有一見鍾情的感覺，順利的話，他們會投入深情的關係。那樣的情感關係通常會持續好幾年，但是往往會隨著愛人的改變，不再符合他們的嚴格標準，而導致感情漸漸變質。這種情況發生時，熱情的情慾型愛人會再次開始尋找完美的伴侶。這類熱情的愛人外向大方，在感情裡覺得很安全，願意和人在感情上親近。在感情發展初期，他們通常會很沈迷，熱戀時不會想要出軌。

友誼型

這類愛人對信任的重視多於情慾。他們對完美對象沒有確切的想法，而是慢慢結交一群朋友，希望友誼可以慢慢轉變成承諾與愛戀。一旦投入感情，他們就非常忠實，支持對方，一輩子只談一兩場很長的戀愛。以對方為重，很信任對方，通常是在大家庭裡長大，有別人的支持時會感到很自在。

多情型

這類愛人的心裡沒有理想的情人類型，樂於和不同對象交往，追求新奇刺激，承諾讓他們感到不自在，沒多久就換對象，見一個愛一個。這種情場浪人喜歡追求刺激，沒什麼忠誠度或承諾。比大部分的人神經質與在意自己，對別人的感覺不太在意。他們是冒險者，他們談戀愛時，往往會擔心被對方拋棄，所以他們不會和任何人太親近，以避免被甩。

研究顯示，心理相似性是預測感情長期滿意度的不錯指標，所以有同樣愛戀型態的情侶比較有機會長久在一起。

速配約會的科學

想要速配約會成功，只要注意幾個重要的技巧：發言要有創意，合理地模仿對方的姿態，不要散彈打鳥，還有，保持謙虛的態度。

速配約會並不複雜，一個晚上，你會連續和好幾位素昧平生的人碰面，每次碰面只持續幾分鐘。在那幾分鐘內，你要判斷還想不想再看到對方。這似乎是九〇年代末期美國某位猶太牧師為了幫助單身男女找伴而發明的，後來這點子迅速傳遍世界各地，現在變成認識異性知己的一大熱門方法。但是想在這三分鐘不到的時間內，讓可能的愛戀對象對你另眼相看，最好的方法是什麼？不經意地提起你的法拉利跑車？還是對他傾訴衷曲？最新的魅力研究指出，祕訣在於：披薩餡料、模仿、避免散彈打鳥、謙虛至上。

幾年前，為了愛丁堡國際科學展，我和兩位心理學家詹姆斯‧賀朗（James Houran）與凱洛琳‧瓦特（Caroline Watt）合作，探討速配約會時的最佳搭訕語。我們找來五十位單身男子與五十位單身女子，隨機將他們配在一起，請他們聊天三分鐘。接著，我們請大家寫下他們用來讓對方留下深刻印象的話語，評估剛剛的對象有沒有吸引力。隔一會兒以後，再和其他人配對，重複實驗。為了找出最佳搭訕語，我們比較人氣最旺與人氣最差者的聊天內容。

當晚沒什麼人緣的受測者通常是用「你常來這裡嗎？」之類的老梗，或是說「我有電算博士學位」之類的話語，想引起對方的注意。比較有技巧的人則是以特別有趣的方法，鼓勵對方多聊聊自己，例如人氣最旺的男主角是說：「如果你上《名人模仿秀》（Stars In Their Eyes）節目，你會模仿誰？」人氣最旺的女主角則是問：「如果你是披薩餡料，你會是什麼？」這類搭訕語之所以有效，是因為在速配約會中，大家常覺得自己好像陷在電影《今天暫時停止》（Groundhog Day）的情境裡，必須一再重複同樣的對話。如果你能發揮創意，用特別有趣的方法讓對方打開心房，聊聊自己，會讓人覺得比較親近，更有吸引力。

此外，還有一點「有樣學樣」的成分在內。研究顯示，我們都有在無意間模仿他人的傾向，在不經意下模仿對方的表情與言行舉止。多數心理學家認為，那樣的模仿讓人衍生同樣的想法與感覺，有助於溝通。不過，對方模仿我們的程度，也會大幅影響我們對他的觀感。

這個效果從荷蘭奈美恩大學的心理學家瑞克‧凡貝倫（Rick van Baaren）與同仁做的巧妙實驗即可清楚看見。研究團隊到一家小餐廳，請一位女服務生幫他們做實驗。服務生帶客入座後，就用兩種方式服務客人。在一半情況中，她是客氣地聆聽客人點餐，並以「好的」、「馬上來」之類的正面字眼回應。另一半情況則是複述顧客的點餐內容。結果發現，複述點餐內容對顧客餐後給的小費有很大的影響。

重複聽到自己點餐內容的顧客，比聽到「客氣正面」回應的顧客多給70%的小費。其他的研究也顯示，模仿不只讓小費增加

而已。同一個研究團隊做的另一項研究發現，模仿也會影響我們對別人的魅力觀感。在那個實驗中，他們請一人假裝成市調員，到街上找路人接受訪問。在一半情況下，實驗人員趁受訪者回答問題時，隱約模仿對方的姿態與舉動。另一半情況下，他是照常行動。後來他們訪問被模仿的那批人，那些人覺得和實驗者比較親近，但不知道自己的動作被模仿了。所以重點來了：想讓人覺得你們很投緣，就模仿他們的舉動。他前傾時，你就跟著前傾；他蹺腳時，你也跟著蹺腳；用他握手的方式去握他的手。這些隱約但重要的小動作，在無意間會讓你的愛戀對象覺得有種「說不出所以然」的親切感。

所以速配約會想要成功，只能靠披薩餡料和模仿嗎？當然不是，其他研究顯示，精挑細選也是祕訣。幾年前，西北大學的保羅・伊斯維克（Paul Eastwick）和同仁找來一百五十幾位學生做一連串的速配約會實驗。每次配對約會後，他們就請學生評估對方的吸引力。結果發現，覺得很多對象都很不錯的人，別人通常覺得他們不怎麼樣。你可能會覺得，這是因為少數特別醜的人想增加自己的成功率，才會覺得遇到的每個人都不錯。首先，我不敢相信你這人怎麼那麼武斷；第二，根據研究資料，你可能錯了。研究人員另外找來一群人評斷受測者的吸引力，結果也是出現同樣的情況。約會的人似乎可以在短時間內看穿對方散彈打鳥的心態，馬上敬而遠之。一般來說，你喜歡很多人時，通常表示別人也喜歡你。但是在愛情中，我們通常會希望自己感覺是比較特別的，所以會特別容易察覺風流多情的人。

最後是給男士的一點建議：小心別掉入「好到難以置信」的

陷阱裡。中央蘭開夏大學（University of Central Lancashire）的心理學家朱賽門（Simon Chu）與同仁請一群女性看六十位男性的照片與簡歷，接著請她們評估那些男士當長期伴侶的吸引力。研究人員系統化地更改那些男士的工作，刻意選暗示社會地位較高（「老闆」）、普通（「旅行社職員」）、較低（「服務生」）的工作性質。整體來說，帥哥得到的魅力評價較高，工作地位高的人也比薪資低的人討喜，這些都不令人意外。不過，有個重要的發現：女人不覺得又帥又有地位的男人是比較有吸引力的長期伴侶。研究人員認為，女人之所以迴避這類男人，是因為這樣的男人可能很有女人緣，更有可能劈腿。這個結果顯示，對速配約會來說，如果你長得帥，又有一份不錯的工作，身價不凡，出手闊綽，你想找長期伴侶，就要低調一點，不要太招搖。

在速配約會中，你只有一點時間能讓人留下深刻印象，為了善用那一丁點時間，你應該想幾句話，讓對方用創意有趣的方式談談自己。你也可以（合理地）模仿對方的坐姿、言行舉止與表情。你應該避免散彈打鳥，不要為了獲得更多的約會機會，而把很多人都勾選為「是，我想再見你一面」，只勾一兩個看起來特別投緣的對象就好了。最後，如果你長得帥又事業有成，切記，很多女性可能會因為你的外表與地位，而把你歸為「好到難以置信」那一類。如果你沒辦法讓臉上多一兩條疤，那就低調一點。當然，對其他男士來說，這理論也是很好的自我安慰法：如果女人接二連三地回絕你，你可以自我安慰說，一定是因為你太帥太傑出了。

性別與運動

想獲得女性青睞，男性總會花心思讓自己看起來特別善良體貼。不過，研究發現，這招可能是錯的。研究人員請女性指出她們挑選長期或短期伴侶時，最看重哪些男性特質。多數人的確是把善良體貼列為重要項目，但這些項目總是排在勇敢之後。似乎一談到愛情，女性便覺得勇氣與冒險意願比溫和體貼更為重要。所以，與其以慈善工作上的表現來贏得女性青睞，男性或許應該談談自己對跳傘的熱愛，以及勇敢提出正確主張與忠於內心想法的重要。

我和健身專家山姆·墨菲（Sam Murphy）做過一份網路調查，探討運動與魅力的關係，以上效果正是我們從調查中發現的。男性對踢足球的女性比較有好感，還是爬山的女性呢？女性對健身運動員比較感興趣，還是瑜珈狂熱者？那份調查共吸引了六千多人上網回答，他們在調查中透露哪種運動讓異性看起來比較有魅力。結果顯示，**57%**的女性覺得爬山有魅力，所以從女性觀點來看，爬山是最性感的運動。緊接著是極限運動（**56%**）、足球（**52%**）、健行（**51%**），墊底的是高爾夫（**13%**）與有氧舞蹈（**9%**）。相反的，男性覺得最有魅力的女性運動是有氧舞蹈（**70%**）、瑜珈（**65%**）、上健身房（**64%**），墊底的是高爾夫（**18%**）、英式橄欖球（**6%**）、肌肉健美（**5%**）。

女性的選擇似乎反映了她們覺得有魅力的心理特質，例如勇敢、接受挑戰的意願。而男性想找的，似乎是身材曼妙、又不會強到挑戰他們自尊的女性。不過，不分男女，大家似乎都覺得打高爾夫球的人不太有魅力。

打造完美的第一次約會

**第一次約會時去看場刺激的電影,聊些比較個人的話題,會
比選擇一起去野外散步讓你們更喜歡彼此。**

　　一九七五年,威廉・普羅克斯邁議員(William Proxmire)
有感於美國政府把納稅人的錢浪費在無關緊要的研究上,便成立
「金羊毛獎」。他把第一個獎頒給美國國家科學基金會,因為他
們贊助一項研究,探討人為什麼會墜入愛河。普羅克斯邁指出:
「我想,有兩億美國人會寧可希望人生中有些事情永遠成謎。大
家最不想知道的,應該是兩性為什麼會墜入愛河。」還好,他的
看法並沒有獲得普遍的認同。多年來,心理學家針對愛情與魅力
做了許多研究,有些最有趣的研究正是探討男女第一次相遇時,
潛藏在背後的心理。

　　第一次約會可能有點麻煩,哪裡是浪漫約會的最佳地點?該
聊些什麼?你應該一開始就表現得很積極,還是該欲擒故縱?別
擔心,這裡有祕訣。過去三十年,研究人員探討這些問題,發現
幾個簡單好用的技巧可以讓愛神的箭正中紅心。

　　我們先來看第一次約會去哪裡的難題吧。你可能會覺得到安
靜的餐廳,或到野外散步是不錯的選擇。不過,心理學家唐諾
・杜頓(Donald Dutton)與亞瑟・艾隆(Arthur Aron)研究發
現,你那樣想就大錯特錯了。在他們研究之前,就已經有好幾個
實驗證實詩人老早就猜到的事實:看到喜歡的人,會讓人心跳加

快。杜頓與艾隆覺得這道理反過來應該也會成立才對，換句話說，心跳較快的人，也比較可能覺得對方有魅力。

為了證明是不是真的如此，他們安排一位女性實驗者到卑詩省卡皮蘭諾河的兩座橋上做實驗，那兩座橋截然不同，一座是高掛在河床上方兩百呎的吊橋；另一座比較低，也比較堅固。實驗者問過橋的男性幾個簡單的問題後，就主動提供電話號碼，讓他們想進一步了解她的研究時，可以打電話給她。行經吊橋的人心臟跳得比較快，年輕女子接近他們時，他們無意間把心跳加快歸因於她，而不是橋高的緣故，誤以為她有魅力，所以比較可能特地打電話給她。

當然，證實橋上的陌生人有這樣的感覺是一回事，在比較實際的情況中，對約會男女來說也一樣有效嗎？幾年前，德州大學（University of Texas）的欣蒂‧梅斯頓（Cindy Meston）與裴尼‧弗洛里（Penny Frohlich）決定實驗看看。他們帶著筆記與長相普通的男女照片，到德州兩大主題樂園的雲霄飛車旁等候，在情侶搭乘雲霄飛車的前後訪問他們，請他們以一到七的分數評估彼此的魅力，以及照片中人像的魅力。實驗者預期，搭完雲霄飛車的受訪者心跳較快，按照「心跳較快＝覺得對方有魅力」的理論，搭完後的魅力評分應該會比較高。

他們在名叫〈一驚鍾情〉的報告中說明研究結果，文中坦承他們預期的現象只有一些獲得證實。搭完雲霄飛車的人的確覺得照片中的人比較有吸引力。不過，情侶對彼此的評價則不同。搭完雲霄飛車後，反而讓人覺得彼此比較沒有魅力了。研究人員懷疑，這會不會是他們發現剛剛對方給自己的分數比想像還低所造

成的（「你剛剛給我一分是什麼意思？」）。他們也覺得搭完雲霄飛車後，「流汗、披頭散髮、焦躁表情」可能讓人看起來比較沒有吸引力。不過，其他的研究也探討過情侶觀賞刺激的電影時是否也有類似的效果，那研究得出比較清楚的證據，可以證明這項理論。研究人員暗中觀察看完不同電影的情侶，結果發現剛看完驚悚片的情侶比較可能牽著手與觸摸彼此。

當然，想要有個完美約會，不光只是讓對方心跳加快而已，你的談話內容和說話的時機點也很重要。

幾年前，心理學家亞瑟・艾隆（就是做吊橋實驗的其中一位）和同仁研究，可不可能因為聊特定的主題而讓人顯得更有魅力。一對男女愈熟悉彼此時，愈有可能向對方透露個人的資訊。艾隆和研究團隊想知道反過來是不是也成立。換句話說，向彼此透露愈多的個人資訊，也會讓人覺得比較親近嗎？他們把互不相識的人配在一起，請他們聊一些愈來愈私密的話題。每對男女彼此連問幾個預設的問題，玩四十五分鐘的「真心話大冒險」。那個清單一開始是列一些派對上大家常拿來打開話匣子的問題（「如果你可以遇到歷史人物，你想遇見誰？」），不久就聊到「和好友喝醉時」聊的話題（「你有沒有預感你什麼時候會死？是怎麼死的？」），最後是聊到「拉近男女關係」的話題（「你上次在別人面前哭是什麼時候？」）。

艾隆知道聊任何話題都可能讓人變得比較親近，所以他找來另一群素昧平生的人當對照組，聊一些閒話家常的話題（「假的聖誕樹有什麼優缺點？」、「你比較喜歡電子錶，還是有指針的錶？」）。討論結束時，他們請每對受試者評估彼此的吸引力。

或許結果並不令人意外，討論聖誕樹與手錶的人並不覺得對方特別有感覺。相反的，玩過真心話大冒險的人則覺得彼此比較熟悉，那種親密感通常可以持續幾個月或幾年。事實上，研究人員發現，幾位受測者在研究完後還彼此交換電話。

所以在關鍵性的第一次約會，最好是去嚇人的地方，也不要害怕聊私密的話題。一般常識認為，約會對象可能會覺得你有點怪，但科學顯示，你會更令人難以抗拒。

約會的五個訣竅

沾光

研究顯示，女人看到另一個女人對男人笑，或是和那個男人在一起很開心時，會覺得那男人比較有魅力。所以如果你在夜店或在派對上想讓女人刮目相看，可以請另一位交情不錯的女性朋友陪你去，跟著你講的笑話笑，然後請她靜靜地離開。記得要她發誓保守祕密。

挨餓

許多演化心理學家認為，飢餓的男人比較偏好豐腴一點的女人，因為她們的體型給人一種食物的暗示。研究人員為了證實這種說法，請進出大學餐廳的男學生看體型不同的女人照

片，評估她們的魅力。飢餓的學生覺得豐滿一點的女人比較好看。所以如果妳是女性，身材不是那麼苗條，又對某位男士感興趣，就提議用餐前先去喝一杯，而不是吃飽再去。或是吃飯前幾個小時碰面，之後堅持他只能吃清淡的沙拉。

先冷後熱

你可能以為持續讚美與點頭可以贏得對方的心。不過，研究顯示，一開始不太熱情，之後轉趨熱情的人比較有吸引力。所以，不要一開始就猛放電，約會的第一個小時可以稍微欲擒故縱，後半段再開始放電。另外，也不要聊你們都喜歡的事情，可以試著聊聊你們都討厭的事。有一份標題有趣的論文〈負負得正投緣法：以同樣的負面特質拉近彼此關係〉，研究人員在文中指出，雙方都討厭某樣東西時，會比有相同喜好的感覺更親近。

裝出真誠微笑

一百多年前，科學家發現，雖然真笑與假笑都會牽動嘴角，但只有真笑會牽動眼角，產生笑紋。最近的研究開始探討微笑的微妙科學，例如找出讓笑容看起來特別挑逗的跡象。最新的研究顯示，在臉上維持較久的笑容（一秒半以上）比較有魅力，搭配著頭稍微偏向伙伴時效果更好。

愛或慾

吉安・岡扎加（**Gian Gonzaga**）與同仁錄下情侶談論第一次

約會的影片，接著請他們評斷那段討論是跟愛意比較有關，還是跟情慾比較有關。情侶覺得是愛意時，影片顯示他們靠向彼此，點頭微笑；他們覺得是情慾時，則比較可能伸出舌頭與舔嘴唇。所以如果你想知道約會對象怎麼想，可以注意這些關鍵的跡象。點頭和微笑可能暗示喜歡與愛意，舔嘴唇的怪動作可能表示今晚有好戲了。

舊愛

約會時總會碰到這樣的尷尬時刻，本來約會進行得好好的，卻突然冒出舊愛的話題。你腦中突然閃過連串的問號：你應該假裝自己很挑，暗示對方你只交過一兩任男（女）友？還是要裝得很有經驗，講個比較大的數字？根據亞利桑納州立大學道格‧坎椎克（Doug Kendrick）的研究，重點在於適中。坎椎克讓大學生看一群人的檔案，這群人的舊愛人數各不相同，之後再請學生評估每個人的魅力。結果顯示，對女人來說，把男人的舊愛人數從零增為二，會讓他們顯得比較有魅力，但超過兩人時，魅力就下滑了。相反的，對男人來說，把女人的舊愛人數從零增到四時，男性覺得她們愈來愈有魅力，但超過四人魅力就下滑了。

讓心跳得飛快

約會要成功，最好選可能讓心跳加速的活動。避免步調緩慢的古典音樂會、野外散步、風鈴聲，最好是去看懸疑片，遊主題樂園，騎騎單車。理論上，約會對象會把心跳加速歸因於你，而不是那些活動，他們會因此覺得你與眾不同。

真心話大冒險

玩真心話大冒險時，應該要慢慢來。不過研究顯示，假設每一步進展得宜，透露個人資訊可以鼓勵對方也這麼做，如此即可大幅拉近彼此的距離。以下是我們根據艾隆的研究，列出十個有助於拉近彼此的問題：

1. 想像你主辦一場完美派對，可以邀請曾經在世的任何人參加，你會邀請誰？
2. 你最近自言自語是什麼時候？
3. 你覺得你有哪兩點很幸運？
4. 什麼事是你一直想做卻沒做的？為什麼到現在還沒做？
5. 萬一你家失火，你只能帶走一樣東西，那會是什麼？
6. 你這輩子最快樂的一天是什麼樣子？
7. 想像你即將和約會的對象變成好友，你覺得他最應該知道你哪件事？
8. 告訴你的約會對象，你喜歡他哪兩點？

9. 你這輩子碰過最尷尬的事是什麼？

10. 說出困擾你的一個問題，請約會對象建議你最好的解決方法。

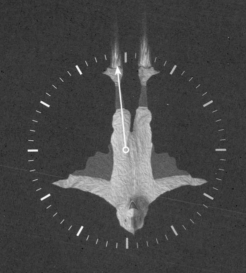

CHAPTER **6**

壓力 Stress

第六章
壓力

為何你不該大吵大鬧？如何迅速減少怨念？
掌控四隻腳動物有什麼正面力量？
用想的就能降低血壓？

知名的精神分析師佛洛伊德認為，精神是由三大要項組成的：本我、自我、超我。本我是指內心的獸性，是本能激發的衝動；超我是比較偏道德的部分；自我則是在這兩股相反的力量之間協調。大多時候，這三個部分是彼此認同的，這時一切都很好。不過，它們之間偶爾會起衝突，就像現實生活一樣，衝突起因往往和性與暴力有關。

為了幫你更了解佛洛伊德的概念，想像你把血氣方剛的少年（代表本我）、牧師（超我）、會計師（自我）和黃色書刊關在一個房間裡。少年代表你獸性的那一面，他會馬上翻閱那本雜誌；牧師則試圖從他手中抽走那本不道德的東西並丟掉；會計師則是費盡心思讓他們兩人同意最好的處理方法。最後，他們三人都冷靜下來，討論議題，或許最後決定最好的方式是假裝那本雜誌不存在。那樣一來，少年就不會想看那些黃色照片，牧師也不用一直對他說教。三人都很滿意這個聰明的折衷方案，他們可能把雜誌藏在地毯下，試著忘記這檔事。可惜，說的比做的容易。少年每天都想偷瞄一下黃色書刊，但他每次一掀起地毯，牧師就

會對他搖搖手指頭，於是緊繃的氣氛日積月累，讓每個人感到愈來愈不安。

根據佛洛伊德的理論，我們時常會在內心的少年與牧師之間掙扎，其中一人嚷著我們想做的事，另一人主張我們該做的事。內心的少年想搞外遇，牧師則指出婚誓的重要。少年想痛扁惹毛他的人，牧師則主張寬恕對方。少年想做投機取巧的生意，牧師則強調安分守己。大多時候，我們決定假裝那些問題不存在，努力把問題拋諸腦後。不過，把問題壓在地毯下的內心壓力會持續累積，最後可能使我們感到沮喪、不安、憤怒。

很多心理學家主張，最好的解決方式是用大家普遍接納的安全方法，釋放這些壓抑的情感。例如搥打枕頭、大吼大叫、跺腳等等，在你內心的少年開始踹門以前，就幫你平靜下來。這種情緒宣洩法普遍獲得大家的認同，但佛洛伊德的理論是對的嗎？

多年來，心理學家研究讓人承受壓力，再鼓勵他們大吼大叫的宣洩效果。幾年前，愛荷華州立大學的布萊德・布胥曼（Brad Bushman）做了一個實驗，他請六百位學生寫一篇文章，說明他們對墮胎的看法。他拿到文章後，告訴學生，他們的文章會交給另一位學生評分。但實際上，這些文章全是他自己評分的，每篇文章他都打很糟的分數，給很糟的評語，還親筆寫上：「這是我讀過最糟的文章。」果然，學生對評分都很不滿，對教授虛構的那位評分學生都很憤怒。

他讓其中一些學生有機會宣洩怒氣，給他們一副拳擊手套，讓他們看評分學生的照片，告訴他們在搥打七十磅的沙袋時，想著那位學生。學生宣洩怒氣時是獨自面對沙袋，但房間裡有對講

機，實驗者可以暗中聽到學生搥了幾次沙袋。而另外一組，實驗人員沒給參試的學生拳擊手套與沙袋，而是請他們到安靜的房裡待兩分鐘。

後來，研究人員請每個人做一份問卷，衡量他們的憤怒、煩惱、失望程度。最後，實驗人員把不同組的學生兩兩配成一對玩遊戲，贏家有權當著輸家的面播放一聲很大的噪音。贏家可以決定那噪音要放多久、多大聲，研究人員在一旁用電腦仔細記錄受測者的選擇。

搥過沙袋的人就比較沒那麼暴力嗎？還是更想要製造更大的噪音？

結果發現，搥過沙袋的人後來表現得更暴力，對著輸家製造更長更大的噪音，兩組人的最後心情和噪音製造行為有很大的差異。研究一再證實同樣的情況，之前宣洩怒氣並沒有讓人消火。事實上，布胥曼在報告中指出，那些宣洩怒氣的行為可能還有火上加油的效果。

如果搥打與大叫都無法幫你化解壓力與挫折感，有什麼方法可以呢？怎麼做能讓人看得比較開？參加漫長的情緒管理課程，或冥想幾個小時有效嗎？事實上，有一些又快又簡單的方法可以幫你，例如什麼都不做，光想著正向意義，或是掌控四隻腳動物的正面力量。

尋找正向效益

負面的人生經驗總是讓人消沉、憤怒、傷心,搥打沙袋宣洩卻只會讓人更生氣。只要花幾分鐘,就能注意到負面事件所衍生的正面效益。

　　每個人一生中都會經歷負面事件,例如生病、失戀、發現另一半外遇、遭好友背叛等等。可想而知,這些事件通常讓人感到不安、煩亂、消沈。我們常會回想過去,希望事情不是那樣。如果我們的痛苦是別人造成的,可能會讓人想要報復與懲罰對方,那經驗往往讓人感到憤怒、痛苦、產生敵意。既然戴上拳擊手套搥打沙袋可能只會讓事情變得更糟,毫無助益,那麼什麼是處理這類情緒的最好方法?

　　有一種可能,是做些讓人不會想發怒的事,例如看喜劇、參加派對、和小狗玩、解困難的填字遊戲。又或者,你也可以利用運動、藝術創作、和親朋好友共度一晚等方式,把心思抽離開來。不過,那些行為雖然可以幫人紓解小事帶來的壓力,卻不可能長久化解嚴重的挫折感。比較有效的解決方法,其實不需要找治療師做漫長的治療,也不需要和周遭的人聊好幾個小時,你只需要花幾分鐘就行了。這種方法叫做「尋找正向效益」(benefit finding),已經證實幫過不少人,例如歷經火災、喪親之痛、心臟病發、天災人禍、風濕性關節炎的人。

　　這流程可以用邁阿密大學(University of Miami)的麥可‧

馬克隆（Michael McCullough）與同仁所做的研究來說明。他們請三百位大學生選出這輩子曾遭人傷害或冒犯的事情，從劈腿到污辱，從拒絕到遺棄，學生紛紛舉出那些讓他們傷心的往事。

他們請三分之一的學生用幾分鐘詳細說明那件事，重點放在他們有多憤怒，以及那件事對他們的生活產生的負面影響。他們也要求第二組學生做同樣的說明，但重點放在那經驗衍生的正向效益，例如讓他們變得更堅強或更睿智。最後他們只請第三組學生描述隔天的計畫。

訪談完畢，他們請每個學生填寫一份問卷，衡量他們對那個惹惱與傷害他們的人有何想法與感受。結果顯示，只花幾分鐘思考正面效益，可以幫當事人化解那事件造成的怒氣與不滿，讓他們更寬容傷害自己的人，比較不可能想要報復或迴避對方。

從負面的生活事件尋找正向效益，看似一種癡心妄想。不過，有一些證據顯示，那樣的效益可能是真的。例如，研究顯示，九一一恐怖攻擊後，美國人身上的某些正面特質增加了，例如感恩、希望、良善、領導、團隊合作等等。此外，其他研究也顯示，生過一場重病會讓人變得更勇敢，更有好奇心，更有正義與幽默感，更懂得欣賞美麗的事物。

在情緒管理方面，套上拳擊手套或搥打枕頭不僅無法安撫情緒，反而更有可能讓人增加敵意。注意負面事件所衍生的正面效益，則有可能大幅減少那樣的感覺。

經歷可能讓你生氣的事件時，試著用以下的方法幫你減輕傷痛，繼續向前邁進。

花一點時間思考痛苦事件的正面效益，例如那事件是否幫你……

- 變得更堅強，注意到你一直沒發現的個人優點？
- 比以前更懂得欣賞生活？
- 變得比較睿智，或讓關係變得更深厚？
- 變得更善於傳達自己的感覺，更有信心或勇氣結束糟糕的關係？
- 變得比較慈悲或寬容？
- 讓你和傷害你的人關係變得更深厚？

寫下你從經驗中獲得的正面效益，你的人生因為那件事而有什麼改善。不要壓抑，盡量坦白地說出來。

四種十五秒的紓壓祕訣

當你察覺危險時，身體會準備好跑開或是堅守立場。可惜，現代生活的壓力可能導致你時常觸發那個系統。找不到停車位也好，和孩子理論也好，多數人都太常按下「戰或逃」的按鈕。雖然少許壓力可以幫人專心投入手邊的工作，持續面對問題卻可能產生負面的影響，最後導致壓力破表、血壓飆高、注意力難以集中、心煩氣躁、體重上升、免疫系統減弱。不過，有幾種簡單迅速的方法可以幫你讓血壓恢復正常：

為人禱告，利人利己

密西根大學尼爾·克勞斯（Neal Krause）做的研究顯示，為他人禱告可能對自己有利。克勞斯訪問一千多人，了解他們的禱告性質、財務與健康狀況。結果發現，為他人禱告可以幫禱告者減輕財務與身心壓力，讓他們更健康。有趣的是，為了物質享受而禱告（例如想要新車或豪宅）則沒有這種保護效果。

聆聽古典音樂

加州大學的斯凱·夏凡（Sky Chafin）和同仁研究哪種音樂最能在壓力事件後幫人降低血壓。他們請受試者從2397開始大聲往下數，每次減13，亦即2397、2384……更糟的是，每隔三十秒，實驗者還會以負面意見干擾受試者（「快點！」），催他們加速。後來，他們讓一些受測者獨自在安

靜中恢復平靜，讓其他人聽古典樂（帕海貝爾的《卡農》、韋瓦第《四季》的〈春〉第一樂章）、爵士樂（邁爾士‧戴維斯的〈Flamenco Sketches〉）、流行樂（莎拉‧克勞克蘭的〈Angel〉、大衛麥修合唱團的〈Crash Into Me〉）。血壓量表顯示，聆聽流行樂或爵士樂的恢復效果和完全處在寧靜中一樣。相反的，聆聽帕海貝爾與韋瓦第的人更快放鬆，他們的血壓很快就降回正常的水準。

曬太陽

維吉尼亞精神病學與行為遺傳學會（Virginia Institute for Psychiatric and Behavioral Genetics）的馬修‧凱勒（Matthew Keller）與同仁研究太陽與情緒的關係，他們發現熱天的高溫與高氣壓會讓人心情較好，記憶較好，但是必須在戶外待三十分鐘以上才有效，在戶外待不到三十分鐘，反而心情會比平常還糟。或許就像實驗者說的，那是因為天氣好時，關在室內會讓人心生不滿吧。

開懷大笑

你笑，全世界都會跟著你笑；你哭，則會增加心臟病發的機率——至少那是探討「笑容與放鬆」的研究所得出的結論。自然地用幽默面對壓力的人，免疫系統特別健康，心臟病發與中風的機率少40%，看牙醫時比較沒那麼痛苦，也比一般人多活四年半。二〇〇五年，馬里蘭大學的麥可‧米勒（Michael Miller）與同仁讓受試者觀看可能讓人焦慮不安

（例如《搶救雷恩大兵》的開場三十分鐘）或發笑（例如
《當哈利碰上莎莉》）的電影片段。受測者看過令人產生壓
力的電影後，血流速度減少**35%**，看完幽默片段以後，血流
速度提升**22%**。根據研究的結果，專家建議大家每天至少笑
十五分鐘。

動物效益

散步的時候，哪一種方式會讓你最受歡迎？是牽著一隻拉布拉多犬、抱著一隻泰迪熊玩偶、還是抱著一盆綠色盆栽？

　　狗兒讓人心情變好的方法有很多種，例如把狗剁碎，燉煮香肉。但是吃完香肉真的能讓你心情變好嗎？還是會讓你充滿罪惡感？為了一探究竟，研究人員……開玩笑的啦！據我所知，還沒有科學家探究吃狗肉的心理影響。不過，他們研究過四隻腳動物可能對你有益的其他方法。

　　馬里蘭大學（University of Maryland）的艾麗卡・弗里德曼（Erika Friedmann）與同仁做過一些蠻出名的研究，他們探討狗主人與心血管健康的可能關係。弗里德曼仔細追蹤心臟病發的病患復原率，結果發現，心臟病發一年後，養狗的人比沒養狗的人存活率高出九倍。這個驚人的發現促使科學家探討養狗的其他好處，研究結果發現，狗主人比較善於因應日常壓力，生活過得比較輕鬆，比較有自信，比較不會有憂鬱症。

　　這些效用之強大不容忽視。有一項研究是請狗主人在寵物或配偶面前做有壓力的任務（把手伸進冰水桶裡，從四位數開始、每次減三倒數），然後衡量他們的血壓與心跳。他們在寵物面前做時，心跳較慢，血壓較低，較少出錯。科學證實，你的狗比你的另一半更有益你的健康。

　　有趣的是，貓卻沒有同樣的效果，有些研究顯示，養貓或許

可以讓你化解一些不滿的情緒，但不可能讓你的心情變得特別好。有些研究指出，貓主人在心臟病發一年後，反而比其他人的死亡機率還高。

這類研究看來令人充滿期待，不過卻有個大問題。養狗雖然和比較輕鬆的生活態度與比較健康的心血管系統有關，但養狗不見得是促成這些情況的原因。養狗的人可能天生就有某種性格，那種性格可能讓他們比較長壽，生活沒那麼緊繃。

為了分清楚這之間的因果關係，紐約州立大學（State University of New York）水牛城分校的凱倫・艾倫（Karen Allen）做了一項重要的研究。她找來一群有高血壓的證券經紀人，隨機把他們分成兩組，讓其中一組每人照顧一隻狗，接著追蹤這兩組人的血壓半年，結果發現，養狗那組比對照組放鬆許多。事實上，狗幫人紓壓的效果，比最常用來治療高血壓的藥物還有效。更重要的是，這些人是隨機分成「養狗」與「沒養狗」兩組，兩組之間沒有性格的差異，所以性格不是影響因素。有趣的是，這些精明能幹的城市人除了覺得壓力較小外，也對動物產生了感情，研究完後都不願歸還他們的新朋友。

有一些研究解釋養狗為什麼對人有益，可能是每天遛狗有益身心健康。有些人主張狗是「不會主觀評判的朋友」，牠們會耐心聆聽你內心深處的想法，不會把你的祕密洩漏出去。這麼看來，狗就像一位專注的治療師，只不過牠有毛茸茸的耳朵、濕濕的鼻子，不需要花你很多錢罷了。另一種理論是說，光是撫摸或輕拍狗兒，就可以產生撫慰人心的效果，有證據顯示護士光是牽著病人的手，就可以大幅減緩病人的心跳速度。

不過，多數研究人員認為，最重要的因素在於養狗的社交效益。花點時間到遛狗人常去的公園，你很快就會明白，人類最好的朋友如何鼓勵素不相識的人彼此交談（「啊……好可愛……牠是什麼品種的？」「好可愛的狗……牠多大了？」「看我剛剛踩到什麼……牠會那樣嗎？」）。很多研究顯示，與人共處是讓人快樂與健康的一大因素，狗兒在無意間有效拉近人與人之間的距離，這很可能是讓狗主人更健康的主因。

　　但是狗兒多擅長幫人拉近距離？什麼樣的狗最能有效促成狗主人的交流？為了一探究竟，貝爾法斯特皇后大學（Queen's University Belfast）的動物心理學家黛柏拉・威爾斯（Deborah Wells）安排一位研究人員利用午餐時間，帶著多種不同的狗在同一段路上來回走了好幾趟。每次遛狗時間都不一定，一直走到迎面和三百人擦身而過為止。另一位實驗者是尾隨在遛狗者後方幾步的地方，悄悄記錄迎面而來的人會不會注意遛狗者、對他微笑、或停下來和他聊天。在三次遛狗實驗中，研究人員分別牽著黃色的拉布拉多幼犬、拉布拉多成犬、大型洛威拿犬。對照組實驗則是另外找三天，由實驗人員獨自走路，手捧著五十公分高的棕色泰迪熊（特別選有雙誘人棕色大眼、短腿、高額頭的熊）或絲蘭盆栽。

　　在遇到一千八百位路人及交談兩百十一次以後，結果顯示，泰迪熊和盆栽引來很多路人注目，但沒多少人微笑，幾乎沒有人上前攀談。相反的，遛狗時，路人會注目、微笑、上前攀談。洛威拿犬引來的攀談率很低，大概是因為大家覺得這種狗比較有攻擊性，想保持距離以策安全。相反的，當實驗者遛拉布拉多幼犬

或成犬時，每十個路人就有一人停下來和他交談。

　　這不是唯一證實養寵物的人容易吸引人上前攀談的研究。之前也有研究證實，女性實驗者帶著寵物兔或寵物龜坐在公園椅子上時，會比獨自坐在那裡吹泡泡，或是坐在播放的電視機旁，獲得更多路人的關注。

　　這項研究要傳達的重點有兩個。第一，養狗有助於紓壓與化解日常生活的負擔，部分原因在於養狗可以促進人與人之間的交流。第二，為了增加人際交流，最好是選拉布拉多犬，而不是洛威拿犬、泰迪熊、絲蘭盆栽、電視機、或吹泡泡。

　　不過，如果你的生活形態不適合養狗，你還是可以做兩件事，幫你獲得養狗的效益。

電子狗

　　你可以考慮養電子狗而不是真狗，聖路易斯大學（Saint Louis University）醫學院的瑪麗安・班克斯（Marian Banks）與同仁最近研究電子狗與真狗在長期看護中心裡對病人孤獨感的影響。研究人員每週帶真狗或Sony的AIBO電子狗到各大看護中心，每次去都陪病人三十分鐘。在八週研究期間，病人和這兩種狗都產生同樣的感情強度，兩種狗幫病人減少孤單的程度差不多。

收看動物節目

　　在一項創新的研究中，威爾斯探索光是觀賞動物影片，能不能和動物陪伴產生同樣的安撫與復原效果。他錄製三支短片（十隻魚在充滿植物的水族箱裡游來游去、十隻長尾鸚鵡關在鳥籠裡、十隻猴子在樹上），在受試者觀賞影片的前後幫他們量血壓。對照組方面，威爾斯讓一群人觀賞知名的連續劇，讓另一群人看空白的電視螢幕。結果出現兩種現象：第一，就生理上來

說，看連續劇和盯著空白螢幕的效果幾乎一模一樣。第二，相較於那兩種控制組，觀賞三支動物影片都讓受測者感覺更放鬆了。所以，想在一分鐘內減緩心跳與血壓，就上網看看可愛動物的影片吧。

什麼都不做也能降血壓

聰明利用安慰劑的力量,開水也能變醇酒。提醒自己每天做的「無形」運動,也可以讓你變得更健康。

　　幾年前,我為電視節目做了一項特別的實驗,探究飲酒的心理,那研究是叫一群學生和朋友晚上去酒吧暢飲。要說服學生參加那實驗很容易,因為酒錢全免,唯一代價是他們整晚要參與幾次簡短的測試。實驗那晚,大家都到齊後,我們就開始進行第一回合的實驗:我們給每位學生一列數字,請他們記住愈多數字愈好;沿著地上畫的直線走;進行反應測試,用拇指與食指拿著一支尺,手鬆開,尺一掉就用手指接起來。

　　完成這些測試後,我們馬上進入當晚大家最期待的部分——喝酒。我們把學生隨機分成紅藍兩組,給他們標示的徽章,告訴他們盡量到吧台享用免費供酒,只不過有個規定:每個人必須自己去吧台點酒,不能幫朋友點。當晚我們時常打擾他們的交談,抓人出來做測試,請他們做和之前一樣的記憶、平衡、反應測試。

　　隨著體內酒精濃度的增加,大家的嗓門也愈來愈大,變得更歡樂,更愛說笑。測試結果也顯示同樣的變化,當晚最後,多數人已經很難記得一位數以上的數字,甚至找不到地上畫的線,尺掉到地上六十秒後才合起手指——好吧,我是故意講得比較誇張,但你懂我的意思。不過,最有趣的結果是,戴紅徽章與藍徽

章的人分數相近，因為兩組都被騙了。

　　兩組人都有明顯記憶力減退的現象，走直線很難平衡，也常漏接直尺。

　　但藍組學生不知道的是，他們其實整晚都沒沾到半滴酒。在實驗之前，我們在酒吧裡偷偷準備了一半無酒精的飲料，不過這些飲料看起來、聞起來、嚐起來都跟真的酒一樣。我們要求吧台人員一定要看清楚每個人的徽章，提供紅組真的酒，提供藍組無酒精的飲料。藍組雖然沒喝到半滴酒精，依舊和喝醉的人產生一樣的徵狀。他們的反應是裝出來的嗎？不是。他們說服自己是在喝酒，光有那樣的想法，就足以說服他們的大腦和身體呈現「酒醉」的思考與行為。當晚結束時，我們一五一十地對他們透露實情，他們笑了，馬上清醒，井然有序、開開心心地離開酒吧。

　　這個簡單的實驗顯示安慰劑的力量。受測者認為他們醉了，所以言行舉止全和他們的想法一致。在醫學實驗上也出現過同樣的效果，觸摸假毒藤的人也會起疹子，喝無咖啡因的咖啡也能提神，做過假膝蓋手術的病人覺得「醫過」的肌腱比較不痛了。事實上，比較真藥與糖果藥丸的效果顯示，有60%到90%的藥物是靠安慰劑效應發揮療效。

　　運動是降血壓的有效方法，但這兩者的關係有多少成分是心念促成的？哈佛大學的艾利亞・可藍（Alia Crum）與艾倫・蘭傑（Ellen Langer）做了一項創新的實驗，他們找來七家飯店的八十幾位服務生。他們知道飯店服務生是很耗體力的工作，他們每天平均清掃與服務十五個房間，每個房間都需要清掃約二十五分鐘，還得常做舉起、搬動、攀爬的動作，運動量可能比常去健

身房的人還多。不過，可藍與蘭傑猜測，即使這些服務生平常運動量很大，他們可能都沒發現這點，這不禁令他們思考，要是告訴這些人他們的工作對身體有多大的好處，會出現什麼情況？他們會覺得自己很健康嗎？這樣想會讓他們的體重與血壓大幅改變嗎？

研究人員把服務生隨機分成兩組，他們告訴第一組運動的好處，還有他們每天消耗的卡路里數量。實驗人員做過計算，所以他們可以告訴服務生，換床單十五分鐘可以消耗四十卡路里，使用吸塵器十五分鐘可以消耗五十卡路里，花十五分鐘刷洗浴室可消耗六十卡路里。為了幫他們記住這些資訊，他們發給那組的每個人一張說明，內含重要的資訊與數據，也把同樣的資訊張貼在員工休息室的布告欄上。研究人員也告訴對照組運動的一般好處，但沒告訴他們消耗的卡路里數量。接著，他們請每個人填一份問卷，了解他們工作之餘的運動量、飲食、菸酒習慣，也做一連串的健康檢查。

一個月後，研究人員又回來了。飯店經理確認實驗組與對照組的服務生工作量都沒變，研究人員又請每個人填一次同樣的問卷，也做了同樣的健康檢查，接著他們開始分析那些資料。那兩組人在工作之餘都沒有做額外的運動，也沒改變飲食或菸酒習慣。所以，他們的生活形態並沒有實際的改變可以促使一組比另一組更健康。

研究人員把焦點放在健康檢查的結果上。驚人的是，知道每日卡路里消耗量的服務生體重大幅減輕，身體質量指數（BMI）降低，腰臀圍比減少，血壓也降低了。而對照組並沒有類似的改

善現象。

　　所以是什麼因素導致他們健康變好了？可藍與蘭傑認為這一切和安慰劑效應有關，提醒服務生他們每天的運動量，他們因此改變對自己的看法，身體也跟著落實想法。這似乎和人覺得自己醉了就說話含糊，覺得自己病了就起疹子一樣，所以光是想著你每天正常的運動量也可以讓你變得更健康。

可藍與蘭傑的研究雖有爭議性，卻顯示注意每天做的熱量消耗活動對你有益。次頁的表格列出一般體重的人進行多種正常活動時的卡路里消耗量（比較重或比較輕的人，消耗的卡路里則按比例增減）。你可以用這個表格計算每天大約消耗的卡路里數量。

隨身帶著這張表格，隨時提醒自己每天做的「無形」運動。根據剛剛的理論，你不必再多做什麼就能紓解壓力。

活動	A 每分鐘消耗的 卡路里	B 每週都會做這 活動嗎？	C 如果會，每週 約做幾分鐘？	D 消耗的總卡路 里數 （A欄×C欄）
一般走路	3			
快走	6			
騎單車	5			
輕鬆的家事	4			
熨衣服	3			
刷洗	3			
刈草	5.5			
洗車	5.5			
拖地	5.5			
園藝	5			
讀書	1.5			
購物	3			
坐在桌邊	1.5			
看電視	1.5			
性愛	2			
開車	1.5			
睡覺	1			
講電話	1			
吃東西	0.5			
淋浴	5			
站立	1.5			
上下樓梯	8			
陪孩子玩	4			
			總分	

關係 Relationships

第七章
關係

「積極聆聽」有什麼危險？為什麼魔鬼氈可以讓伴侶長相廝守？
言語勝於行動（而非行動勝於空談）、
一張照片就能產生很大的效用？

　　一些專家認為，美滿婚姻的基石，在於名叫「積極聆聽」的互動形式。這種溝通需要伴侶用自己的語言解釋對方話語的意義，然後發揮同理心。例如，想像在接受婚姻諮詢時，太太說她很氣先生，因為他常喝醉酒，一身酒味回家，就坐在電視機前，看電視直到深夜。根據積極聆聽的原則，先生會用他的話複述一次太太關切的事，盡力去了解太太為什麼那麼氣他。這種直覺上令人窩心的技巧很受歡迎，所以才會有「I hear what you are saying.」這種說法（譯註：直譯是「我聽到你在說什麼。」亦即「我懂你的意思」）。但是積極聆聽真的是美滿關係的基礎嗎？還是一種迷思？

　　約翰・高特曼（John Gottman）是心理學家，也是全球知名的婚姻專家。一九九〇年代，他和華盛頓大學的同仁很想知道積極聆聽是否真有效果，所以做了長期而且詳細的實驗。他們找來一百多對新婚夫妻，請他們到實驗室，坐在攝影機前，聊他倆爭議的話題十五分鐘。研究人員再檢視每分每秒的影片，分析他們講的每句話。後續六年，他們持續追蹤這些夫妻，看他們是不是

還在一起；如果是，則看他們的婚姻是否美滿。

為了測試積極聆聽的效果，他們注意影片中有人表現負面情緒或負面意見的情況，例如：「我對你的行為不滿」或「我受不了你對我爸媽說話的方式」。研究團隊錄下配偶回應的方式，從中尋找和積極聆聽有關的回應，例如表達了解或感同身受的話語。他們比較沒離婚與離婚的夫妻，以及婚姻幸福與不幸福的夫妻，做這類回應的頻率，如此一來即可用科學的方法衡量積極聆聽的力量。

研究結果讓高特曼團隊相當吃驚，積極聆聽的例子少得可憐，無法預估婚姻關係是否幸福美滿。結果顯示，積極聆聽和婚姻美滿並沒有關係。

他們對結果感到詫異之餘，轉而研究另一套影片。他們之前在另一項研究中，曾經追蹤另一群夫妻十三年，所以他們也開始對那些錄影帶做同樣的分析。結果也是發現資料呈現類似的型態，那表示連長期幸福美滿的夫妻也鮮少積極聆聽。

高特曼認為，夫妻的一方做出批判時，要另一半用自己的語言釋義並發揮同理心其實相當困難，只有少數受過「情緒鍛鍊」的人才辦得到。雖然研究團隊的發現與結論頗具爭議性，尤其很多婚姻諮詢師又特別推崇積極聆聽的概念，但其他的研究也無法證明積極聆聽是美滿婚姻的基石。

既然聆聽與回應配偶的意見不是最好的婚姻相處之道，那什麼方法才是？高特曼的研究顯示，長期美滿幸福的異性關係面對爭執時，往往會出現一種特別的形式。女性通常會提出一個困難的議題，針對問題做出分析，建議一些可能的解決方案。當男性

能夠接受其中的一些想法，並和配偶分享權力時，比較有可能維繫美滿的婚姻。相反的，先生拒絕接受太太的提議，甚至露出輕蔑的態度時，特別容易造成婚姻關係的破滅。

　　夫妻失和時，雖然可以教導他們改變相處的方式，但這樣的過程既費時，也不容易。不過，有幾種技巧是可以迅速學習的，讓你從此過著幸福美滿的生活。你只要會寫情書，把照片放在壁爐上，把時間回溯到你們第一次約會的時候就行了。

評估你們的關係

　　根據高特曼的研究，你了解配偶生活細節的程度，就是預測你倆關係會持續多久的最佳指標。以下有趣的測驗可以幫你評估你和另一半了解彼此的程度。你必須猜測另一半會回答什麼答案，再由對方告知正確答案，每猜對一題就得一分，完成後再角色對調，重新猜一遍。最後，把兩人的成績加在一起，總分是介於零到二十之間。

問題：

1. 一般而言，你的另一半喜歡看以下哪一類電影？恐怖片、喜劇、動作片、劇情片？

2. 你的另一半第一份工作是做什麼？

3. 一般而言，你的另一半最喜歡看電視播放哪一類運動節目？撞球、英式橄欖球、拳擊、田徑比賽？

4. 你的另一半在哪裡出生的？

5. 你的另一半比較喜歡閱讀以下哪本經典作品？《白鯨記》、《雙城記》、《窗外有藍天》、《科學怪人》？

6. 你另一半的衣領尺碼（男）是多少？或衣服尺寸（女）是幾號？

7. 一般而言，你的另一半比較喜歡以下哪類假期？海灘、滑雪、散步、城市之旅？

8. 你的另一半最要好的朋友（除了你以外）叫什麼名字？

9. 你的另一半最想見以下哪位領導人？希特勒、甘迺迪、甘地、邱吉爾？

10. 你的另一半眼睛是什麼顏色？

牢繫關係的重要

怎樣才能讓夫妻的感情加溫且長長久久？研究證實，只要夫妻一起玩障礙競賽就會大有幫助！

　　一九八〇年代末期，麻州克拉克大學（Clark University）的詹姆斯・萊爾德（James Laird）與同仁刊登廣告，招募自願者參與一項罕見的實驗，探討第六感有沒有可能存在。他們安排互不相識的男女同時抵達實驗室，經歷一段特別的流程。研究人員解釋，兩位受測者做心電感應測試以前，必須先做默契培養練習。研究人員請受測者花點時間凝視對方的眼睛，然後再把他們帶到不同的房間，讓其中一人看幾張簡單的照片，請另一人用感應的方式猜測那些照片的性質。

　　研究結束後，萊爾德觀察他的資料，發現沒有證據顯示心電感應力。他覺得失望嗎？一點也不。事實上，這個研究和心電感應無關，所謂的心電感應測試只是一個幌子，他們的目的是想做愛情心理研究。

　　很多人認為墜入愛河是很複雜的事，視外表、個性、默契、機會等複雜的因素混合而定。不過，萊爾德有另一番看法，他懷疑這種獨特神祕的感覺可能很直接了當，或許有可能用幾個小心安排的時間點製造出來。他的假設很簡單，從日常生活即可明顯看出，相愛的人會花不少時間凝視彼此的雙眼。萊爾德想知道反過來是否也成立：讓兩人彼此凝視一會兒，是不是也有可能產生

愛意？

　　一般而言，盯著陌生人瞧，頂多讓人覺得很怪或不禮貌，所以萊爾德必須編出可信的理由，讓人可以彼此凝視更久，所以他才會想出用心電感應測試做為幌子。受測者在不知情下凝視彼此的雙眼，那行為看起來就像他們覺得彼此有魅力一樣，萊爾德覺得這樣就足以激發愛意了。

　　假心電感應測試結束後，萊爾德請所有受測者評估他們對實驗伙伴有多少愛戀的感覺。驚人的是，資料證明萊爾德想得沒錯，受測者果然對新認識的伙伴有好感，覺得對方有吸引力。

　　這研究變成了解感情心理的一種創新方式。根據這種觀點，不僅我們的想法與感覺會影響我們的行動，我們行動的方式也會反過來影響我們的想法與感覺。

　　萊爾德不是唯一探索如何用這種方式幫助研究人員更了解人心運作的人，紐約州立大學石溪分校的艾隆與同仁做的另一個研究顯示，同樣的方法也可以讓夫妻變得更親近。感情的發展一開始通常充滿興奮，愛戀的雙方都很享受和新伙伴一起體驗生活的新鮮感。但是快轉二十年後，往往會出現全然不同的情況，雙方都很熟悉彼此，生活變得平淡無奇。同樣的餐廳、同樣的度假地點、同樣的交談。雖然熟悉感令人放心，也讓人覺得無聊，不太可能讓人再像以往一樣怦然心動。

　　艾隆心想，如果凝視彼此的雙眼可以讓人產生愛意，讓老夫老妻這麼做，是不是也能讓他們感受到戀愛時期的興奮感，幫他們重燃愛火。也就是說，打破一成不變的婚姻生活，做點新奇好玩的事，也可以讓他們覺得彼此更有吸引嗎？在最初的實驗中，

艾隆刊登報紙廣告，徵求夫妻參與實驗，探討「影響婚姻關係的因素」。

自願受測者到達實驗室時，他們就請每對夫妻做一份有關婚姻關係的問卷，並隨機把他們分成兩組。之後研究人員搬開所有桌椅，鋪上健身房用的墊子，開始做下一階段的研究。

研究人員給其中一半的夫妻一卷魔鬼氈，告訴他們即將參與一個比較奇怪的遊戲。如果那對夫妻一聽到說明就雙眼為之一亮，會心相視，研究人員就馬上拿走魔鬼氈，請他們離開。至於留下來的人，研究人員用魔鬼氈把一人的右手腕和配偶的左手腕綁在一起，也把他們的左右腳踝綁在一起。

研究人員忍住哼唱萊諾・李奇〈Stuck On You〉（譯註：直譯是「黏上你」，亦即「戀上你」）一曲的衝動，在房間的中央放一個一米高的泡棉障礙，給每對夫妻一個大枕頭。每對夫妻都必須趴在地上，爬過障礙，到房間的另一端，再轉頭爬回障礙，再次跨過它，回到起點。為了讓過程更有趣，他們必須隨時把枕頭夾在兩人身體之間（不准用手掌、手臂或牙齒），必須在六十秒內完成。為了不讓任一組失望，研究人員請受測者都拿下手錶（「我們不希望手錶在混亂中刮傷了」），假裝每個人都在限定時間內完成任務。

他們叫另一組的夫妻做比較平常的事，給其中一人一顆球，請他趴下來，把球滾到房間中央，讓他的配偶在房間的另一邊觀看。球滾到中央時，兩人再交換角色，由另一人把球滾回起點。

研究人員假設多數夫妻不會有很多機會一起爬過泡棉障礙，所以那經驗應該滿新奇有趣的，那是給他們機會一起達成目標，

並從罕見的新觀點觀看彼此。概念上來說，這就像他們初次見面時，比較令人興奮的經驗。相反的，另一組是對照組，他們做的事情比較平凡無奇，也沒有合作效果。

實驗結束後，他們請所有夫妻填寫幾份問卷（其中包括一份名稱很不浪漫的問卷〈浪漫愛情徵狀核對表〉），評估的項目包括配偶讓他們「心動」與「滿心歡喜」的程度。誠如預期，爬過大型泡棉障礙的夫妻對彼此的愛意比完成滾球任務的夫妻還深。只花幾分鐘一起做新奇有趣的活動，似乎產生了意想不到的效果。

在上述結果的鼓勵下，艾隆與研究團隊又重複了一次實驗，不過這次他們是以不同的方式衡量婚姻的滿意度。研究結束時，研究人員拍下每對夫妻閒聊下次假期規畫或如何裝修家裡的影片，然後請另一組研究人員觀察影片，仔細計算影片裡夫妻任一人反對對方的次數。結果顯示，綁魔鬼氈的夫妻做出較多的正面評論。

艾隆的研究再次證明，我們的行為會大幅影響我們的思考與感覺。就像凝視陌生人可以讓雙方互相產生吸引力一樣，進行和熱戀時期有關的活動，也可以幫人重新點燃過去的熱情。

根據這個研究，想要常保感情的熱度，可能只要靠一卷魔鬼氈、一大塊泡棉障礙和開放的心胸就夠了。

　　艾隆的研究顯示，老夫老妻常參與新奇有趣的活動，一起達成目標，會比較依戀彼此。幾個研究的結果也證實這樣的結論，這顯示關係和諧的長期伴侶比較可能參與需要兩人同行、較難預測、活潑有趣的休閒活動。

　　所以，不管是運動、業餘的戲劇表演、攀岩、造訪新地方、學習新舞蹈、到特別的度假地點一遊，夫妻如果能一起面對人生中的泡棉障礙，婚姻就可以維繫得更長久。

浪漫很簡單

最近我做了一次大規模的網路調查，探討浪漫舉動的心理。我和作家瑞秋・阿姆斯壯（**Rachael Armstrong**）合作設計一份問卷，裡面列了許多不同的浪漫敘述，例如「另一半辛苦工作一天後，幫他放滿一盆溫熱的洗澡水」、「對方感到冷時，脫下自己的外套幫他披上」、「突然帶另一半去某個刺激的地方共度週末」。那份調查總共吸引一千五百多位來自英美的網友完成問卷，研究結果有助於透露浪漫背後不為人知的心理。女人常抱怨男人不夠浪漫，但調查結果也確認她們的懷疑嗎？

我們請女性閱讀那份清單，指出他們的伴侶多常做那些浪漫舉動，結果頗令人失望。**55%**的女性表示，她們辛苦工作一天回家後，另一半從來沒幫她們放過洗澡水。**45%**表示她們覺得冷時，另一半從來沒脫下外套讓她們禦寒。**53%**表示另一半從來沒有突然帶她們去度意外的週末。這些客觀的數據證實了長久以來女性覺得男性不夠浪漫的抱怨，但是這些失望數據可能是什麼因素造成的？

在另一部份的調查中，我們請男性受訪者閱讀浪漫清單，用一到十來評分他們做任一舉動時，女性覺得有多浪漫。我們也請女性受訪者用一到十評分，如果另一半做任一浪漫舉動時，她們覺得有多浪漫。結果顯示，連最簡單的舉動男性都會大幅低估它的浪漫程度。

例如，只有**11%**的男性覺得「告訴她，她是你見過最棒的女人」非常浪漫，但有**25%**的女性覺得那很浪漫。同樣的，只

有8%的男性覺得「女人辛苦工作一天後，幫她放洗澡水」很浪漫，但有22%的女性覺得那很浪漫。幾乎每一項浪漫舉動都得出同樣的結果，這顯示男性不願做浪漫的舉動可能不是因為懶惰或不體貼，而是因為他們低估了女性對浪漫舉動的觀感。

那份調查的結果也透露了女性覺得最浪漫與最不浪漫的舉動，剛好可以為有心求愛的男性提供一點指南。以下列出十大浪漫舉動，以及認為那舉動非常浪漫（給十分）的女性比率：

1. 蒙上她的眼，給她一個驚喜（40%）。
2. 突然帶她到某個地方共度意外週末（40%）。
3. 為她寫首歌或寫一首詩（28%）。
4. 告訴她，她是你遇過最棒的女人（25%）。
5. 她辛苦工作一天後，幫她放洗澡水（22%）。
6. 傳給她一則浪漫簡訊或電子郵件，或在家裡留一張浪漫的紙條（22%）。
7. 幫她準備床前早餐（22%）。
8. 她感到冷時，脫下外套幫她披上（18%）。
9. 送一大束花或一盒巧克力到她上班的地方（16%）。
10. 幫她把最愛的音樂編集在一起（12%）。

有趣的是，有逃離現實與意外驚喜的舉動最受女性青睞，之後是反映體貼的舉動，明顯偏物質享樂的舉動則殿後。科學證明，關於浪漫，最重要的或許是心意。

五比一：言語勝於行動

一句負面批評的傷害，需要五句認同的話語來彌補。想要關係穩定發展，試著寫下對方的缺點，再寫下這些缺點惹人憐愛的地方。

從下圖中找出不高興的臉。

對多數人而言，這一點也不難，一眼就能看出那張不高興的臉。研究顯示，同樣的效果也會影響日常生活的許多面向。以我們思考與行動的方式來說，負面的事件與經驗總是比較明顯，比正面經驗產生的影響還大。心情不好時，我們很容易想起負面的生活事件，例如失戀或失業，但是心情好時，卻比較難想起初吻或最棒的假期。一次說謊或不誠實的舉動，常會對某人的聲譽造成極大的影響，一舉推翻多年辛苦打造的正面形象。

卡內基在重要著作《讓鱷魚開口說人話》中主張，同樣的原則也適用在我們對朋友與另一半說的話上。卡內基認為，即使是非常隱約的批評，也會對關係造成很大的傷害，他勸讀者對最親近的人要多加讚美。多年來，許多作家也呼應卡內基的看法，例如美國幽默作家海倫・羅蘭（Helen Rowland）說過：「女人的恭維可能讓男人有點飄飄然，但她的批評卻會直達他的心，讓他的心一縮，再也無法對她抱持那麼多的愛。」

但現代科學也支持這些說法嗎？

之前的討論提過，心理學家高特曼花了三十幾年，研究預測夫妻長相廝守或離異的關鍵因素，他的研究大多是檢視夫妻聊起他們的關係時所做的評論。多年研究下來，他對正面與負面評論的影響愈來愈感興趣（正面評論包括反映認同、了解或寬容的話；負面評論包括反映敵意、批評或輕蔑的話）。高特曼仔細記錄這些話語出現的頻率，接著追蹤這些婚姻是否美滿，所以能夠找出預測婚姻破滅的正負面評論比例。他的研究結果相當有意思，的確證實了卡內基的想法。婚姻要融洽，正面評論出現的頻率就必須多於負面評論，比例約是五比一。換句話說，要說五句

認同與支持的話，才抵得過一句批評所帶來的傷害。

　　除了探討負面話語的影響外，高特曼的研究也檢視敵意和批評為什麼會造成那麼大的傷害。他分析人對正面與負面評論的反應後，發現兩種很不一樣的型態。一人做出正面評論時（「領帶很好看！」），另一半通常會以正面評論回應（「謝謝，你的洋裝也很好看」）。不過，那型態並不是一定的，連續的正面評論（「領帶很好看，我喜歡你那件襯衫，毛衣也很不錯。」）往往不會衍生一個討喜的回應（「你人真好！」）。相反的，負面回應的反應就比較容易預期了，一點點批評（「你確定要配那條領帶嗎？」）往往就可以引起很大的負面反應（「你不喜歡也無所謂，我喜歡就好，我又何必在意你對我領帶的看法？你穿衣服的品味又不是全世界最好的，就拿你現在穿的那件洋裝來說好了，你看起來就像個隨便穿的稻草人，不講了，我走了」）。婚姻關係需要靠互相的支持與認同來維繫才能美滿，再小的批評都需要用大量的關愛來緩和。

　　要配偶注意與修正他們對另一半的言語很難，需要花很多的時間與心力。不過，研究人員發現有一些迅速有效的方法可以幫忙改善關係。

　　德州大學奧斯汀分校的心理學家理查‧史列闕（Richard Slatcher）與詹姆斯‧潘尼貝克（James Pennebaker）做的研究就是一例。史列闕與潘尼貝克知道先前的研究顯示，讓經歷過創痛的人寫下想法與感覺可以防止他們陷入憂鬱，強化他們的免疫系統。但他們想知道，這樣是不是也能改善關係。為了一探究竟，他們找來八十幾對剛成為情侶的人，把每對情侶裡的其中一人隨

機分成兩組。他們請其中一組的人連續三天每天花二十分鐘，寫下他們對目前關係有什麼想法與感覺。相反的，他們叫另一組也花同樣的時間寫下他們當天做了什麼。三個月後，研究人員聯絡所有受測者，問他們的感情是不是還維持得不錯。驚人的是，情侶中有一人寫下對另一半的感覺時，這樣簡單的動作就能產生很大的影響。77%參與「表達性」寫作的人還持續和另一半交往，記錄日常活動的人則只有52%繼續交往。

為了了解這明顯差異的背後原因，研究人員分析這三個月期間，這些情侶傳給彼此的簡訊內容。他們仔細數訊息中的正負面字眼，結果發現，參與「表達性」寫作的人在簡訊中使用較多的正面字眼。總之，結果顯示這種看似不起眼的活動，竟然可以衍生驚人的影響。只要連續三天每天花二十分鐘寫下對感情的感覺，就可以長期影響他們和另一半溝通的語言，以及兩人持續交往的可能。

其他研究顯示，你甚至不需要連續三天花二十分鐘就能改善兩人的關係，請看一下下面的圖案。

 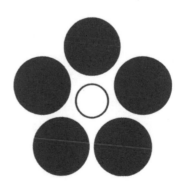

左圖的白圈看來比右圖的白圈大，其實兩者一樣大，但看起來大小不同，那是因為大腦會自動比較圓圈和周圍的東西。左圖的白圈周圍都是小圈，所以相比之下感覺較大。相反的，右圖的白圈周圍都是大圈，所以感覺較小。

格羅寧根大學（University of Groningen）的布朗・布克（Bram Buunk）與同仁猜想，同樣的「比較思惟」是不是也能用來改善我們對感情的觀感。為了一探究竟，布克找來有長期交往對象的受測者，請他們以兩種方法想他們的另一半。他們叫其中一組用幾個字寫下他們的感情維持不錯的原因；叫另一組先思考別人比較不順遂的感情，然後再寫下他們的感情為什麼比較好。概念上來說，第二組所做的就類似剛剛看到的左圖。果然，讓受測者的大腦想著周圍比較小的圈圈，他們也覺得自己的伴侶更好了。

心理學家珊卓拉・莫瑞（Sandra Murray）與約翰・霍姆斯（John Holmes）的研究顯示，就連一個字也可以產生不同的影響。在他們的研究中，他們請受訪者講出另一半最正面與最負面的特質。接著，研究團隊追蹤受測者一年，觀察哪些人的關係維持不變，哪些人的關係破裂了。接著他們研究關係不變與關係破滅者當初接受訪問時的用字類別，其中最重要的差別或許就只是一個字：「but」（但是）。說到另一半的最大缺點時，那些關係沒變的人通常會修飾一下批評，例如：她先生很懶，**但是**那讓他們有理由可以開玩笑。他太太很不會煮菜，**但**那樣他們就可以常出去外面吃了。他很內向，**但**他用其他方式表現愛意。她有時候不太體貼，**但**那是因為她童年過得比較辛苦。那個簡單的字眼就能減少另一半缺點的負面效果，讓兩人的關係更穩定發展。

以下的三日任務，很像前面的「描述關係」實驗，不僅有益身心，也有助於關係的長期發展。

第一天

花十分鐘寫下你對目前這段關係最深的感覺，盡量探索你的感情與想法。

第二天

想想感情沒你順利的人，寫下讓你的感情比他們順利的三個主因。

1 _____
2 _____
3 _____

第三天

寫下另一半的一大正面特質，為什麼這項特質對你來說那麼重要？

寫下另一半的一項缺點（或許是個性、習慣、行為上的問題），然後再寫下這個缺點還有得補救或惹人憐愛的地方。

屋裡線索

在身邊擺放或是身上配戴伴侶送的東西，不只可以讓愛情加溫，也可以保護彼此不受花花世界的引誘。

　　想像你剛走進陌生人的客廳，你完全不認識這戶人家，你只有一點時間可以四處張望，試著了解他的個性。你看了一下牆上的藝術印刷品與壁爐上擺的照片，注意到處都散放著書籍和CD，這些透露了什麼？你覺得住這裡的人是外向還是內向？對生活比較焦躁不安，還是隨和放鬆？他有交往的對象嗎？如果有，他們交往得愉快嗎？好，時間到，該走了。這位虛擬的主人就快回來了，他要是發現你在他家，他會很生氣。

　　心理學家最近開始認真研究有沒有可能從居家和辦公室判斷一個人的個性與感情關係。例如，幾年前德州大學奧斯汀分校的山姆・高斯林（Sam Gosling）找人來做制式的人格問卷，然後派一群訓練有素的觀察員，仔細記錄他們生活與工作空間的許多面向。他們的房間是亂七八糟，還是井然有序？牆上掛什麼海報？房裡有盆栽嗎？如果有，有幾盆？研究顯示，在創意工作者的臥室裡，書報雜誌並沒有一般人多，但他們的讀物種類的確比較多元。同樣的，就工作空間來說，外向者的辦公室感覺比較有親和力，讓人比較想進去。高斯林推論，個性的很多面向會反映在周遭的環境上。

　　其他研究也探討，你從一個人的周遭環境可以了解他感情生

活的哪些面向。現在我們來做另一個測驗，這個測驗只對現在有交往對象的人有效，所以如果你目前沒有對象，可能需要耐著性子看完，真是抱歉。不過，這測驗很快，你不用等太久。

首先，先決定你通常是用家裡的哪間房間接待客人。好，想像你坐在那房間的中央，看著四周（當然，如果你剛好就在那個房間裡，直接往四周看就行了）。在一張紙上列出你最喜歡那房裡的哪五樣東西，有可能是海報、桌子、椅子、雕像、盆栽、玩具或器材，任何你感興趣的東西都行。接著，想想那幾樣東西是怎麼來的。如果是另一半買的或是你們一起買的，就勾起來。最後你手上應該會有五樣東西的清單以及零到五個勾。

打幾個勾讓你的感情世界透露出哪些端倪？根據克萊蒙研究大學（Claremont Graduate University）的心理學家安德魯・洛曼（Andrew Lohmann）與同仁的研究，透露的資訊可多了。洛曼找來一百多對情侶，請他們做「勾選房裡共同物件」的測驗，並評估他們覺得自己和另一半的親密程度。結果顯示打勾數愈多時，兩人的感情愈親密、愈健康，比較可能把彼此視為長期的伙伴，比較願意花時間與心力呵護這段感情。所以，下次你到朋友家裡，你或許可以問一下他們房裡最醒目的東西是怎麼來的，這些東西透露出來的感情訊息可能比他們想的還多。

例如，某樣物件的存在可以讓人想起他們的關係時，就能勾起美好的回憶，讓他們感覺更美好。又或者，那樣東西可能讓他們想起他們交往中特別感動或有趣的事。不過，最近有些研究顯示，這些東西的作用還不只如此而已。佛羅里達州立大學（Florida State University）的強・曼勒（Jon Maner）和同仁以一

項巧妙的研究探究愛的力量。他們找來一百多位有交往對象的學生，請他們看異性的照片，然後從中挑選他們覺得最好看的一張。他們請一組受試者寫一篇文章，描述他們深愛另一半時的情況，對照組則是寫任何他們想寫的東西。

學生在寫文章時，研究人員叫他們全忘了他們剛剛挑選照片裡的人。如果照片中的人突然出現在他們腦海中，就在文章的邊緣打勾。叫人不要想某樣東西，通常反而會讓他們念念不忘，對照組就是這樣，他們每頁文章上平均打四個勾。不過，描寫愛情的人則比較容易把照片中的人拋諸腦後，平均每兩頁才打一個勾。

實驗最後，他們請每個人盡量回想剛剛選的照片。「愛情組」只記得照片的大致樣子，例如那人的衣服顏色或是拍照地點，通常會忘了那個人外表的魅力特徵，例如勾人的雙眼或完美的笑容。事實上，「愛情組」記得的外表特徵數量平均只有對照組的三分之二。

這些結果顯示，即使只想幾分鐘你對另一半的愛，也會大幅降低異性的魅力誘惑。研究團隊認為，這可能是一種進化數千年的機制，目的是幫伴侶長相廝守。實務上來說，能幫你想起另一半的東西，都有重要的心理效用，例如照片、婚戒、上次一起出遊買的項鍊等等，這些東西都能讓你心繫伴侶，而不是外面的花花世界。

　　周圍放著讓你想起另一半的東西，對你們的感情有益，那可以是你穿戴的東西，例如戒指、吊飾、項鍊。你也可以把另一半送的禮物展示在家裡或辦公室裡，或把你們兩人的合照放在醒目的地方或皮夾裡。總之，記住這些東西不僅是愛的表現，也有很重要的心理作用。它們不僅經常讓你想起美好回憶與正面想法，也啟動由來已久的演化機制，讓你比較不會受到外界的誘惑。

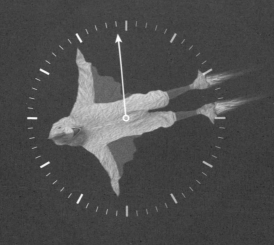

決策 Decision Making

第八章
決策

集思為什麼不能廣益？
如何不再為決策後悔？如何避免自己被暗中說服？
如何辨別某人正在對你說謊？

工作場合需要做重要決策時，大家通常會找一群熟悉主題與腦筋清楚的同事一起來討論。表面上看來，這是合理的安排，畢竟我們做決策時，很容易就會以為有多元背景、經驗、專長的人可以提供我們更深思熟慮與平衡的觀點。但是集思真能廣益嗎？心理學家做了數百種實驗探討這個議題，他們的研究結果讓最積極主張團體諮詢的人都大感意外。

或許這類研究中最知名的一派，是六〇年代初期由麻省理工學院的研究生詹姆斯・史東納（James Stoner）發起的，他檢視冒險的重要議題，發現有些人喜歡追求刺激的生活，有些人生性比較趨避風險，這點並不令人意外。不過，史東納想知道人在團體中會做比較冒險、還是比較不冒險的決策。為了一探究竟，他設計了一個簡單但很巧妙的實驗。

在第一部份的研究中，史東納請受測者扮演人生導師的角色，提供他們多種不同的情境，那些情境裡的人都面臨人生難題，史東納請他們從幾個選項中挑選最好的解決方法。史東納故意設計那些選項，讓每個選項各代表不同的風險程度。例如，有

一個情境是描述一位名叫海倫的作家，她是靠寫廉價驚悚小說為生，最近她有一個小說的點子，但是如果要寫那本小說，就得擱下原本賴以維生的驚悚小說，收入會因此大減。但好處是，那本小說可能讓她一夕成名，名利雙收；壞處是，那本小說也可能乏人問津，到頭來只是浪費許多時間與心血而已。史東納請受測者思考海倫的難題，並指出海倫應該要多確定她的小說會紅，才能放棄她賴以維生的驚悚小說。

如果受測者生性保守，他們可能覺得海倫需要近乎100%確定小說會紅才行。如果受測者比較喜歡冒險，他們可能覺得即使成功率只有10%都可以接受。

接著，史東納把受測者分成五人一組，請小組討論那情境，得出共識。他的結果清楚顯示，團隊決策通常比個人決策的風險高出許多。幾乎每一組都建議海倫放下一切，開始寫那本小說；個人則是覺得她應該繼續寫驚悚小說。其他數百個研究也顯示，這效應和決策本身是不是比較危險無關，而是和兩極化有關。在史東納的經典研究中，多種因素導致團隊做出比較危險的決策，但在其他的實驗中，團隊的決策反倒比個人保守。總之，團隊會誇大個人意見的效果，讓人做出比個人更極端的決策。最後的決定視團隊中的個人原始傾向而定，團隊決策可能變得風險極高，也可能變得極度保守。

這種奇怪的現象也會出現在許多不同的情境中，經常造成令人擔心的後果。把一群有種族偏見的人集中在一起，他們會做出偏見更嚴重的決策。安排一群常投資案子失敗的企業家開會，他們更有可能把資金浪費在糟糕的專案上。讓有暴力傾向的青少年

混在一起，他們更有可能使壞。讓有強烈宗教或政治理念的人聚在一起，他們會產生更激進暴力的觀點。這效果甚至也會出現在網路上，個人參與線上討論或聊天室時，會發表比平常更激進的言論與態度。

是什麼原因導致這種奇怪、卻又那麼一致的現象？和志同道合的人聚在一起，會多方面強化你既有的理念。你聽到新論點時，可能只有粗略的立場，你可能覺得那想法不尋常、太極端或大家無法接受，所以你一直暗自抱著那樣的想法。不過，當你周遭都是志同道合的人時，那些私底下的想法往往會趁機浮上枱面，進而鼓勵其他人也和你分享他們的極端想法。

一群人聚在一起時，「團體迷思」會影響個人的心思與想法，但兩極化不是團體迷思的唯一現象。其他研究顯示，團隊通常會比個人更武斷，更會辯解不理智的行動，更有可能覺得他們的行動符合道德良知，更容易對外人產生刻板觀點。此外，固執已見的人領導團隊討論時，他們也會逼其他人接受論點，鼓吹自我審查，促成全體一致通過的假象。

三個臭皮匠不見得就能智勝諸葛亮。五十幾年來的研究顯示，團隊做決定時，常會出現不理性的思考，導致意見兩極化，對情況做出極度偏頗的評估。

如果團隊討論不適合做決策，什麼才是最好的方法？根據研究，重點在於避開蒙蔽我們思考的多種錯誤與陷阱，但是難就難在理性決策背後的許多技巧，需要我們徹底了解機率與邏輯。不過，有些技巧是可以一下子就學會的，例如，如何迴避業務員最常用的詭計，如何判斷某人是不是在說謊，如何確保你不會再為決策反悔。

得寸進尺法和以退為進法

想當王牌推銷員嗎？只要先以意外的要求讓人吃一驚，再提供連串的優惠就可以輕鬆說服別人。這些技巧不到四十七秒就能學會。

我們先從一個簡單的問題開始吧：想像你找到兩份工作，就工作時數、職責、地點、前景來說，A工作和B工作完全一樣。事實上，兩種工作的唯一差別在於你和未來同事的薪水差異。A工作的年薪是五萬英鎊，同事的年薪是三萬英鎊。B工作的年薪是六萬英鎊，同事的年薪是八萬英鎊，哪個工作對你的誘惑較大？調查顯示，絕大多數的人會選A。

單純從財務觀點來看，這樣的決定完全是不理性的，因為B工作的年薪多了一萬英鎊，但是我們對人性做的科學研究顯示，人原本就是不理性的動物。我們是社群動物，很容易被許多因素所左右，例如我們的感覺、對自己的觀感、我們在別人眼中的樣子等等。雖然客觀來說，B工作的年薪較高，A工作只比同事多賺兩萬英鎊，但事實證明，薪水差異衍生的優越感，足以彌補A比B少賺的那些錢。

這種微妙的效果，往往是在無意中發生的，也會影響我們的購物行為。

我還記得第一次在一家大型百貨公司看到業務員示範產品，當時我八歲，爸媽帶我到倫敦玩，我們逛進百貨公司裡，那男人

熱情地示範最新的廚房刀具，我看得目不轉睛。那把刀可以做你想用刀子做的任何事情，以及很多你可能不會想做的事，例如把空的可樂罐切成兩半。推銷快結束時，那個人平靜地告訴我們，那把刀售價是十英鎊。

接著，奇怪的事情發生了。他在我們眼前，突然變成忍不住一再降價的人，那把刀的價格從十英鎊，降到八英鎊，後來又變成五英鎊。最後，因為我們這群觀眾實在太棒了，他打算每把刀只賣我們三英鎊就好。正當我們無法相信自己那麼幸運時，最精采的結局出現了，彷彿是精心設計的煙火秀結尾一樣，真正的爆點來了。他決定買一送一，再加送五把小一點的刀子，並附贈零售價超過十英鎊的刀具收納盒。他的每項大方贈與讓觀眾看得驚喜連連。更重要的是，他也說服大多數的人，包括我爸媽，買下他們原本進店裡沒打算要買的幾把刀子。不過，我們還是因此學到了一課。回到家後，我拿出那把神奇的刀子，想切開空的可樂罐，結果刀柄就掉了。

爸媽和我都被所謂「還有更多」的技巧給唬弄了，銷售員主動把交易弄得愈來愈好，直到令人難以抗拒為止。即使是稍微降價，或是多送點東西，都可以產生不錯的效果。在一項研究中，當一個小蛋糕和兩片餅乾的總售價是75美分時，有40%的人會掏錢買。但是當標價改成一個小蛋糕75美分並附贈兩片餅乾時，掏錢的比例突然變成73%。

心理學家除了檢視這些常用的說服原則外，也探討其他比較少見、但還是很有效的技巧。例如，有一種技巧叫做「激發興趣」，以奇怪的要求引起大家的注意，讓他們更有可能順服。

加州大學的麥可・山多斯（Michael Santos）與同仁做了一項研究，一位研究人員喬裝成乞丐，向路人乞討二十五美分或三十七美分。怪的是，要求不尋常的數字時，反而更多人掏錢出來。

和這個效果有關的是「中斷再重塑」技巧，你先讓人吃一驚，使他們擺脫自動控制模式，再提出一般的要求。研究人員在一連串的實驗中，挨家挨戶地賣筆記本，籌募慈善基金。在一種情境中，他們的說辭是：「這些賣三美元，很便宜。」；但在「中斷再重塑」的情境中，他們說：「這些賣三百美分……就是三美元，很便宜。」這種奇怪但意外的改變，讓業績幾乎增加了一倍。

不過，多數迅速有效的說服技巧都是以兩大原則為基礎：得寸進尺法和以退為進法。

一九六〇年代初期，史丹佛大學的心理學家強納森・弗利德曼（Jonathan Freedman）與史考特・傅雷澤（Scott Fraser）為了探究說服力，做了一個開創性的實驗。他們隨機打電話給一百五十幾位女性，假裝他們是從加州消費者團體打來的。研究人員問她們願不願意為一本名叫《指南》（*The Guide*）的刊物做一項特別的調查，那調查是探討她們使用家庭用品的情況。他們宣稱《指南》和競爭對手不同，他們喜歡追根究柢，所以能否讓六位男士組成的小組到她們家裡翻看櫥櫃幾個小時。翻看的過程會很仔細，每個置物空間都會看，以便記錄所有肥皂、洗潔精、清潔液、漂白水等等。或許結果並不令人意外，只有不到四分之一的女性答應讓人來家裡做這種地毯式的搜索。不過，這只是實驗的一部分。另一群女性接到類似的電話，但研究人員沒有要求

翻看所有地方，而是問她們願不願意接受一個簡單的電話調查，了解她們愛用的家庭用品。幾乎每個人都同意了。但三天後，她們接到第二通電話，詢問她們願不願意讓六人搜查小組翻看她們的櫥櫃，這時反而有半數女性同意了。

在後續實驗中，同樣的研究團隊想知道，他們能不能說服大家把寫著「小心駕駛」的大告示插在家門前的庭院裡。即使那告示顯然是為了讓該區的車速減緩而設計的，但幾乎沒有居民願意插那個牌子。於是研究人員找上另一組居民，問他們願不願意插比較小的告示，只有三吋平方大小而已，幾乎每個人都答應了。兩週後，研究人員又回來，詢問他們願不願意把小告示換成大告示，驚人的是，竟然有76%答應了。

這些實驗顯示「得寸進尺法」的力量，當我們已經同意較小的要求時，就更有可能接受較大的要求。

四十幾年的研究顯示，這技巧適用在很多方面上。先請人捐點小錢做慈善，之後就可能獲得更多的捐款。請員工同意工作條件的些許改變，就比較容易讓他們接受更大的改變。請人把一般燈泡換成省電燈泡，就更有可能要求他們改過比較省電的生活型態。

研究人員除了探討「得寸進尺法」以外，也研究「以退為進法」。「得寸進尺法」是先從小處著手，逐漸擴大要求；「以退為進法」則是先提出誇張的要求，等對方堅決反對以後，再讓對方同意比較小的要求。或許這方面最有名的研究，是亞利桑納州立大學的羅伯特・齊歐迪尼（Robert Ciadldini）與同仁所做的。在齊歐迪尼的經典研究中，研究團隊喬裝成青少年輔導計畫的成

員，詢問學生願不願意帶一群少年犯到動物園參觀一天。只有不到20%的學生有意願，這結果並不令人意外。

研究人員不以為意，改用另一種計策，這一次他們向另一群學生提出更大的要求，問他們未來兩年願不願意每週奉獻兩小時的時間，為少年犯提供諮詢。這一次也是普遍獲得大家的回絕。不過等大家回絕後，研究人員又提出比較小的要求。你猜的沒錯，他們問那些人願不願意帶少年犯去動物園參觀一天。在此情況下，有一半學生答應了。

在另一個例子中，法國研究人員安排一位年輕女性在餐廳裡發現自己沒帶錢，必須請其他客人幫她付帳。她向其他人要幾塊法朗時，只有10%的人願意給她。不過，她一開始就叫人幫她完全買單，之後才改成只要幾塊法朗時，75%的人都願意給她幾塊法朗。所以這個技巧也適合套用在很多情況上，從協商房價到工時，從討論薪資到透支額度，如果你是賣家，一開始開價高一點會比較有利。

說服的祕訣其實就是靠「得寸進尺法」與「以退為進法」。先以意外的要求讓人吃一驚，再提供連串的優惠。更重要的是，研究顯示，這些技巧只需四十七秒就能學會，其實頂多三十秒就夠了，只要免費加送一套更小的刀子即可。

　　我們常常自以為是理性動物，其實不然，很多迅速有效的技巧可以輕易地說服我們。你應該要注意使用「還有更多」原則的人，他們會主動提供連串的折扣與優惠，讓你忍不住掏錢出來。同樣的，你也要注意那些一開始先提出小要求，後來得寸進尺的人，或是一開始先獅子大開口，但又迅速調回比較「合理」要求的人。當然，你也可以用這樣的技巧影響別人，不過就像《星際大戰》中歐比王・肯諾比（Obi-Wan Kenobi）說過的名言，這種力量可能對意志薄弱的人產生很大的影響，所以一定要小心使用──只用在好的地方。

不再為決策後悔

使用潛意識思考理論，為複雜的問題做出正確的決定；不想讓自己後悔，就積極把握任何的機會。

　　做比較不重要的決策時，我總覺得考慮所有利弊是有益的，不過，做重要的決策時……則應該由潛意識、大腦內的某處決定。

佛洛伊德

　　想像老闆告訴你，他覺得你們辦公室看起來沒什麼藝術氣息，想請你幫他買一幅看來要價不斐的現代藝術印刷品來妝點牆面。你穿上外套，開車去藝廊，發現他們只剩次頁所示的四幅印刷品。

　　你如何做決定？一種可能是根據老闆的個性、公司的形象、目前辦公室的裝潢，思考每幅畫作的利弊。又或者，你可以相信直覺，挑選你「覺得」適合的作品。你也可以根據最近的研究，依賴不同的技巧，幫你做出更好的決策。

　　幾年前，心理學家狄克斯特霍斯與柴格・凡歐登（Zeger van Olden）用同樣的海報挑選流程，做了一個特別的實驗。在研究中，他們請受測者進實驗室裡看五張海報，用三種技巧中的一種幫他們挑選最喜歡的一張。他們請第一組研究每張海報約一分半鐘，列出他們喜歡與不喜歡每一張的主因，仔細分析他們的想

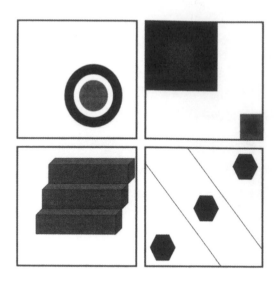

法，再挑選最喜歡的那張。他們叫第二組大略看一下海報後，就從五張裡挑出最喜歡的一張。他們讓第三組迅速瞄過海報，請他們花五分鐘解困難的字謎，然後再讓受測者迅速瞄一次海報，之後就做決定。做完決策後，他們請所有受測者評估他們喜歡五張海報的程度。

每個人都做了選擇與評估後，實驗者做出前所未有的慷慨決定，把每個人最喜歡的那張海報當成禮物送給受測者，以感謝他們參與研究。等每個人拿著禮物準備離開實驗室時，實驗者不經意地向每個人要電話，宣稱萬一資料儲存有問題或是需要重做實驗時，可以聯絡他們。

假設你參與研究，研究人員又告訴你，因為怕硬碟出問題，需要你的電話，這表示他們一定在打什麼主意。最有可能的情況

是，實驗還沒結束，未來他們會打電話給你。打電話的形式可能有好幾種，你的電話可能半夜響起，市調員問你願不願意參與有關肥皂的調查。又或者，你可能接到一通電話，那人聲稱自己是你長期失聯的朋友，問你想不想見面。也有可能，就像本例中發生的，研究團隊打電話來問好，問你還喜歡那張海報嗎。

實驗完後一個月，研究人員聯絡受測者，問他們對海報的滿意度，要多少錢才願意割愛出售。當初在實驗室裡剛選好海報時，仔細思考過每幅海報的利弊才做決定的人，都確定他們做了正確的選擇，事實上，他們比另外兩組的人還要確定。不過，一個月後，情況完全不同了。花時間解字謎後才選海報的人反而最滿意他們的選擇，他們要求的割愛價格也比其他兩組高出許多。

你可能會主張，這類研究做的選擇不像我們真實生活做的選擇那麼複雜。事實上，研究人員做了很多實驗，他們一再獲得同樣的奇怪效果。不管是決定租哪間公寓、買哪輛車、或是投資哪檔股票——先看過選擇，然後忙著動腦處理困難的問題，之後再做決定，往往可以做出比較好的決策。

為什麼會這樣？狄克斯特霍斯與凡歐登認為，這和掌握潛意識的力量有關。當你必須從差別不大的選擇中做決定時，大腦意識很擅長用理性、清醒的方式研判情況，做出最佳選擇。不過，大腦同一時間能思索的事實與數字量有限，所以事情一複雜，大腦意識就不是那麼靈通了，它不會觀看全局，只鎖定最明顯的要素。相反的，潛意識比較擅長處理生活中常見的複雜決策。給它一點時間，它就會慢慢地考慮所有因素，最後做出比較平衡的決定。狄克斯特霍斯與凡歐登為這種效果所做的解釋，就是所謂的

「潛意識思考理論」（Unconscious Thought Theory）。這理論主張，做複雜的決策時應該尋求中庸之道，為一個議題想太多或是太快做決定時，結果一樣糟。重點在於知道需要決定什麼，然後轉移你的大腦意識，讓潛意識來思考。怎麼做才能讓潛意識思考這個問題呢？就像我們在提升創意那個單元裡看到的，有一種技巧是讓大腦意識忙著處理其他困難的事，例如解字謎或每隔三倒數數字。

在做重要的決定前先解字謎，當然不是確保你不會反悔的唯一方法。事實上，根據其他的研究，還有一種更快的方法可以讓你不會反悔。

康乃爾大學的湯瑪斯・季洛維奇（Thomas Gilovich）研究後悔心理已經超過十年，他的研究結果相當耐人尋味。他的研究大多是叫人回顧人生並說出他們最大的遺憾。約75%的受訪者後悔沒做某件事，前三名分別是在學校不夠用功、沒有把握某個重要機會、沒有多陪陪親人與朋友。相反的，只有25%的人後悔做了某件事，例如入錯行、嫁錯郎（娶錯人）、或是在錯誤的時間點有了孩子。

不過這裡有個問題，要看已發生的事有什麼負面後果比較容易。你選錯行，所以你陷在討厭的工作裡動彈不得。你很年輕時就有小孩，所以無法隨性地和朋友出遊。你和不適合的人結婚，經常爭吵。負面後果是已知的，後悔的程度雖大，畢竟還是有限。但是，如果事情沒發生過，情況就完全不同了。突然間，可能的正面效益近乎無限大，如果你當初接下那份工作，會發生什麼事？如果你當初勇敢約心儀的對象，或是在校時多唸點書，會

發生什麼事？在這些情況下，你的後悔程度只受想像力的限制而已。

　　季洛維奇的有趣研究也驗證了十七世紀美國詩人惠蒂爾的一番話，惠蒂爾說：「在言語或筆墨所能表達的悲傷話語中，最可悲的莫過於：『要是……就好了！』」

迴文字謎與潛意識

做直截了當的決定時，就用大腦意識思考事情的利弊，以理性、冷靜的方法評估情況。但是，做複雜的選擇時，就讓大腦意識休息一下，讓潛意識來思考。以下的迴文字謎（譯註：變換字母順序以形成另一詞，如Satin 變為 Stain）練習是根據狄克斯特霍斯與凡歐登的研究所設計的，是為了幫助決策流程。

A. 你需要做什麼決策？

B. 在五分鐘內，盡量多做幾題以下的字謎。如果想不出來，別困擾太久，請直接跳下一題。

迴文字謎	提示	答案
1. Open change	歐洲城市	＿＿＿＿＿
2. A motto	眾所皆知的蔬果	＿＿＿＿＿
3. Past eight	義大利很常見	＿＿＿＿＿
4. Noon leap	歐洲將軍	＿＿＿＿＿
5. Ring late	三邊	＿＿＿＿＿
6. Lithe cats	田徑	＿＿＿＿＿
7. Did train	島嶼度假區	＿＿＿＿＿
8. Eat	⋯⋯時間	＿＿＿＿＿
9. Loaded inn	花	＿＿＿＿＿

10. Cool cheat　　對很多女人來說，比鑽石更好　　_____

11. Neat grain　　　　南美國家　　_____

12. Lob aloft　　　　兩隊競爭的比賽　　_____

13. Groan　　　　　　教堂常見　　_____

14. Cried　　　　　　含酒精飲料　　_____

15. Cheap　　　　　　無核水果　　_____

　　C. 現在，不要為問題思考太多，把你的決定寫在這裡。

迴文字謎的答案：

1. Copenhagen（哥本哈根）　6. Athletics（體育競技）　11. Argentina（阿根廷）

2. Tomato（蕃茄）　　　　　7. Trinidad（千里達）　　12. Football（足球）

3. Spaghetti（義大利麵）　　8. Tea（茶）　　　　　　13. Organ（風琴）

4. Napoleon（拿破崙）　　　9. Dandelion（蒲公英）　14. Cider（蘋果酒）

5. Triangle（三角形）　　　10. Chocolate（巧克力）　15. Peach（桃子）

圍堵後悔

　　研究顯示，多數人回顧人生時，通常會後悔沒做的事。不過，一旦你了解這一點，就有迅速有效的方法可以幫你避免後悔的感覺。

　　避免後悔的第一步，就是對機會抱持「要做」的態度。就像

作家馬克斯‧陸可鐸（Max Lucado）說的：「投入心力，投入時間，寫信，道歉，出遊，買禮物，去做就對了。把握機會可以帶來喜悅，遺失機會徒增悔恨。」第二，如果你真的後悔沒做某件事，看有沒有辦法彌補那情況。寫封信，打個電話，多陪陪家人，和人和好，重返校園把書讀好。把後悔當成警訊與自我激勵的方式。萬一真的沒辦法彌補，就在大腦中揮之不去的「可能」效益外圍，想像一個圍欄，不要再一直掛念著可能發生的正面效益，而是花時間思考現況的三個效益，以及如果你真的做那件後悔沒做的事時，可能產生的三個負面結果。

你是追求極限型？還是隨遇而安型？

花點時間讀以下十項敘述，為每項敘述形容你的程度給分。
不要花太多時間思考每句話，請誠實作答。

評分

1=極不同意，5=極同意

1. 看電視時，我會一直轉換頻道，而不是只 　1 2 3 4 5
   看一台。

2. 我常覺得購物很難，因為除非那東西確切 　1 2 3 4 5
   是我想要的，否則我不會買。

3. 我要花很多時間才能選定要租什麼影片或 　1 2 3 4 5
   DVD，因為我喜歡考慮很多可能的電影。

4. 有時候我會想起與我擦身而過的機會。 　1 2 3 4 5

5. 我做決定以前喜歡考慮所有選擇。 　1 2 3 4 5

6. 我不喜歡做無法取消的決定。 　1 2 3 4 5

7. 我做了決定後，常想要是我當初做不同的 　1 2 3 4 5
   決定，現在會是什麼樣子。

8. 我覺得要我屈就第二好的選擇很難。 　1 2 3 4 5

9. 上網時，我常隨處亂逛，迅速在各網頁間 　1 2 3 4 5
   瀏覽。

10. 我鮮少對我擁有的東西感到滿意，因為我 　1 2 3 4 5
    很容易就會想像獲得更好的東西。

把分數加總起來就是你的總分。**10到20分**之間是低分，**21到**

39之間是普通分數，40到50之間是高分。

研究顯示，人通常會以兩種基本策略因應人生的諸多面向：追求極限或隨遇而安。追求極限型通常會不斷檢視所有的選擇，確定他們選到最好的。相反的，隨遇而安型找到滿足需求的東西後就不再尋找了。所以，客觀來說，追求極限型的成就較多，但需要花較長的時間去找他想要的東西，也比較不快樂，因為他們容易一直掛念著原本可能的發展。

例如，在一項探討求職的研究中，研究人員把十一所大學的五百多位學生分成追求極限型和隨遇而安型，然後追蹤他們求職的情況。追求極限型最後的薪水平均比隨遇而安型多20%，但他們也對求職過程比較不滿意，比較容易後悔、悲觀、不安、沮喪。

如果你是追求極限型，發現自己浪費太多的時間找尋完美商品，或許限制你投入某些活動的資源（例如，只花三十分鐘選一張送朋友的生日卡），或是做某些無法反轉的決定（例如丟掉收據）對你有益。

俗話說得好，快樂就是想要你擁有的，而不是擁有你想要的，所謂知足常樂。對追求極限型來說，即使他們獲得想要的東西，得到以後也不一定那麼想要了。

如何判斷對方是在說實話

說謊者會目光遊移、手心冒汗只是一種普遍的迷思,想要知道對方是否誠實,注意觀察他的舉止以及用詞。

你覺得人說謊時通常會有什麼表現?看一下下面列出的行為,在每個敘述後方的「是」或「否」欄位中打勾。

說謊時,通常會……	是	否
避免目光接觸	☐	☐
微笑更多	☐	☐
在座位上侷促不安,如果是站著,則不斷更換		
兩腳重心	☐	☐
掌心與臉上冒汗	☐	☐
摀著嘴說話	☐	☐
回答冗長離題	☐	☐
回答鬆散雜亂	☐	☐
更常點頭	☐	☐
手勢增加	☐	☐
鼻子變長	☐	☐

一般人說話鮮少吐露事實。我和《每日電訊報》(*Daily Telegraph*)做過一項調查,四分之一的受訪者表示,他們在過去

二十四小時內說過一次謊。其他研究也顯示，有高達九成的人約會時說過謊，有四成的人覺得對朋友說謊沒關係。在職場上，欺騙也是一大問題，調查顯示有八成的人在面試時說過謊，有近五成的員工曾對老闆撒至少一個大謊。

既然說謊那麼普遍，這也難怪很多人發明各種技巧，想要偵測這類謊言。例如，古代流行的紅熱撥火棍測試，過程猶如人間煉獄。那是把撥火棍放入烈火中，拿出來，逼被告舔三次。那理論主張，無辜者的舌頭上會有足夠的唾液防止他燙傷，犯罪者的舌頭較乾，會稍微黏在撥火棍上。

根據史書記載，西班牙宗教法庭也用過類似的技巧，但沒那麼野蠻。他們是叫被告吃一些全麥麵包與乳酪，周圍的人則向天使加百列祈禱，要是那個人說謊，就別讓他順利吞下食物。就我所知，這些方法都沒經過科學的驗證，我猜可能是因為很難獲得參與者和天使加百列的知情同意吧。不過，如果有人做那樣的研究，就有結果可以證明有關說謊的最常見論點：焦慮假設。

那理論主張，人說謊時會很緊張，所以會產生許多和焦慮有關的徵狀，例如口乾舌躁，所以舌頭會黏在撥火棍上，嘴裡的全麥麵包也難以下嚥。雖然這理論直覺上聽來很有道理，想要取得可靠的證據卻沒那麼簡單。有些研究指出，說謊者不見得比說實話的人更有壓力。例如，南安普敦大學（University of Southampton）的理查‧格蘭若（Richard Gramzow）與同仁最近做了一項研究，他們先把學生接上機器，測量他們的心跳，然後訪問他們最近考試成績如何。訪問中，他們請學生說明這幾年的成績，比較他們和同學的技巧與能力。學生不知道的是，訪問結

束後，他們會真的去查學生的實際考試成績，這樣一來就知道哪個學生說實話，哪個說謊了。有趣的是，結果顯示，有近半數的學生誇大他們的成績。更有趣的是，心跳資料顯示，誇大成績的學生並沒有比誠實的學生更有壓力，他們甚至還稍微放鬆了。

使用高科技焦慮衡量機器研究時，結果多元，讓人無所適從，但這樣還是無法阻止一般人普遍認為人說謊時會很緊張的觀念。或許大家看過電影與電視上很多說謊者都是手心冒汗、心跳加速，所以多數人都以為辨識欺騙的最佳線索和焦慮有關。

很多研究團隊仔細比較說謊者與說實話者的影片，由訓練有素的觀察家仔細記錄每個微笑、眨眼、手勢。每分鐘影片花一小時分析，得出的資料讓研究人員得以比較說謊與說實話的相關行為，以便發掘最隱約的差異。結果的確很有意思。

看一下本單元一開始列的問卷，你在「是」的那一欄打了幾個勾？那個問卷中列的項目，都是人緊張時會做的事：他們會避免目光接觸、在座位上侷促不安、冒汗、講話開始急促不清。但是研究人員花了好幾個小時記錄說謊者與說實話者的行為後發現，這些現象都不見得和說謊有關。事實上，說謊者與說實話的人都可能和你目光相接，說謊時也不會緊張地移動雙手，或在座位上侷促不安。

不過，因為多數人對於說謊都抱持那樣的迷思，他們都不善於判斷某人是不是在說謊。讓他們看說謊者與說實話者的影片，請他們分辨誰在說謊時，他們答對的機率和瞎猜的機率差不多。讓大人看小孩子描述真實事件與虛構事件的影片時，大人也無法分辨真假。叫人說服另一半他們覺得帥哥美女的照片毫無魅力

時，卻意外成功。就連律師、警察、心理學家、社工人員也無法確切分辨對方有沒有在說謊。

所以從什麼跡象可以看出某人說謊？雖然說謊不見得讓人感到壓力，但說謊通常需要費心。說謊時必須思考對方已經知道什麼或可能發現什麼，什麼看似合理，什麼符合你之前所說的。也因此，說謊者的舉止通常看起來像在努力思考一樣，他們的手臂與雙腳通常不會有太大的動作，也不會有太多手勢，他們會重複一些語句，用字遣詞比較簡短，回答沒那麼詳細，停頓比較久才開始回答，猶豫的情況比較多。此外，也有證據顯示他會和謊言保持距離，用字比較非關個人，所以說謊者會減少提及「我」與「我的」，通常會用「他」和「她」，而不指名道姓。另外，言語閃爍、含糊其詞的情況也會增加，他們通常會避免完全回應問題，可能會切換話題或反問問題。

如果你想偵察對方有沒有說謊，就不要再找緊張與焦躁的跡象了。說謊者可能不知怎的就是一副努力思考的樣子，以無關個人的語調說話，言詞閃爍，難以捉摸，連政客或二手車業務員都望塵莫及。

肢體語言

　　想要正確判斷對方有沒有在說謊，就拋開和焦慮假設有關的迷思，找尋和努力思考有關的徵兆。不要再以為說謊者都會手心流汗，侷促不安，避免目光接觸了。而是注意對方的動作是不是突然變得比較靜態，手勢少了。另外，你也要學習聆聽，注意他的言談中是不是突然少了細節，還是多了停頓與遲疑，或是突然避免使用「我」、「我的」等字眼，比較常說「他」和「她」。如果有人突然變得言詞閃爍，就逼他把話說清楚。

　　為了幫你發現可能的行為轉變，你可以試著建立所謂的「誠實底線」。在問對方可能說謊的問題以前，先從比較可能誠實回應的問題開始問起。在最初的回應期間，觀察他們的肢體語言，注意聆聽他們的用字，以了解他們說實話時的表現。等問到比較麻煩的問題時，就注意對方的行為有無出現上述的轉變。

　　另外，切記，即使你真的看到這些徵兆，也不一定表示對方在說謊。說謊不像賦稅與死亡那麼確定，那不過是顯示事實可能不像表面那樣，值得你深入探索罷了。

寫電子郵件給我

　　溝通專家傑夫・漢科克（Jeff Hancock）與康乃爾大學的同仁請學生記下一週內的所有溝通內容，包括面對面的交流、電話交談、簡訊傳送、電子郵件等等，並指出哪些內容包含謊言。結果顯示，大家平均在14%的電子郵件、21%的簡訊、27%的面對

面交流、37%的電話交談中說謊。漢科克認為,大家比較不願在電子郵件裡說謊,是因為那是文字紀錄,可能哪天成了別人手中的把柄。所以如果你想減少別人對你說謊的風險,就叫他們寫電子郵件給你吧。

判斷一件事要花多少時間

維羅爾大學（Wilfrid Laurier University）的羅傑・布勒（Roger Buehler）針對時間管理做了深入的研究，他請學生估計何時可以完成重要的學期報告。學生認為他們平均可以在截止日前十天完成，但是他們都太樂觀了，其實他們通常都是在截止日前一天才寫完，這就是所謂的「規劃謬誤」（Planning Fallacy）效應，不只學生交作業有這樣的問題。研究顯示，我們都有低估專案耗費時間的傾向，團體工作的人特別容易產生不切實際的預期。即使他們想要實際一點，大家也會想像一切照計畫進行，沒考慮到無可避免的意外耽擱與不可預期的問題。

不過，布勒的研究也建議一種迅速有效的方法，幫我們克服這個問題。當他叫學生思考過去完成類似任務的情況時，他們估計的完成時間就比較精確了。所以想精確估計完成專案的時間，似乎需要先看過去完成類似的專案需要多久。

如果這麼做還是沒效，你可以試試伊利諾大學（University of Illinois）香檳分校的賈斯汀・克魯格（Justin Kruger）與麥特・艾凡斯（Matt Evans）研究的方法。他們請受測者估計做一件比較複雜的活動需要多久時間，例如準備約會。他們請其中一組直接估計，但鼓勵另一組把活動分成幾個部分來看（例如淋浴、更衣、慌亂），之後再做決定。結果發現，把活動拆開來看的人估得時間比較精準。所以如果你想知道某件事需要多久才能完成，就把所有步驟分開來看，再估計時間。

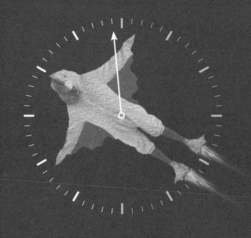

CHAPTER **9**

教養 Parenting

第九章
教養

莫札特迷思是什麼？
如何為小孩取個好名字？如何用三顆棉花糖馬上幫小孩占卜？
如何有效讚美幼小心靈？

莫札特生於一七五六年，創作了不少舉世聞名的古典樂章，一七九一年過世，疑似死於急性風濕熱。他是個天才，有些人認為他的音樂可以傳到其他作品所無法到達的大腦區塊，可以讓你變得更聰明。此外，他們也認為這效果對可塑性很高的幼兒大腦特別有影響力，因此建議家長每天讓嬰兒聽點莫札特的音樂，以達到最大的效用。他們的論點普遍流傳，但是莫札特的音樂真能提升兒童的腦力嗎？

一九九三年，加州大學的研究人員法蘭西斯・羅徹爾（Frances Rauscher）與同仁發表一份科學論文，從此改變了世界。他們把三十六位大學生隨機分成三組，請每組做不同的活動十分鐘。第一組是聽莫札特的雙鋼琴奏鳴曲D大調，第二組是聽一般讓人放鬆的錄音帶，第三組就只是坐在完全安靜的空間裡。做完活動後，他們讓每個人做智力測驗，那份測驗是專門測試大腦處理空間資訊的能力（參見下頁圖示）。結果顯示，聆聽莫札特音樂的人得分比另兩組高出許多。研究人員也指出，那效果是暫時的，僅持續十到十五分鐘。

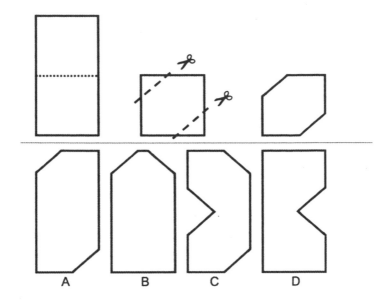

這是在衡量「大腦空間資訊處理力」的測試中可能出現的題目，上列顯示一張紙對折，然後剪去兩角。受測者必須從下列四個圖中，挑選那張紙攤開後的形狀。

　　兩年後，該研究團隊找來更多的學生做第二次實驗，實驗持續進行了好幾天。這次他們也是把學生隨機分成三組。第一組聽莫札特的音樂，第二組待在寧靜的房間裡，第三組聽菲利普・葛拉斯（Philip Glass）做的電影配樂〈變聲部的音樂〉（Music with Changing Parts）。這次實驗的結果還是出現很大的差異，聆聽莫札特音樂的人在智力測驗中的表現還是比另兩組好。後來，他們把葛拉斯的歌曲換成說故事或電音舞曲。結果莫札特那組與寧靜組的分數幾乎差不多，聽故事或聽電音舞曲的人成績殿後。這

些證據顯示，莫札特的音樂可能對某部分的智力有小小的短期影響。

記者聽聞研究結果後，很快就跟進報導，《紐約時報》樂評家艾力克斯‧羅斯（Alex Ross）意有所指地表示（當然是開玩笑的），他們已經用科學方法證明，莫札特的作曲功力比貝多芬還要優秀。不過，有些記者很快就開始誇大研究結果，他們主張只要聆聽幾分鐘的莫札特音樂，就可以長期大幅地提昇智商。

這概念就像野火般迅速傳了開來，九○年代後期，有些人的論點更是偏離原始的研究。截至當時為止，都沒有任何研究檢視莫札特音樂對嬰兒智商的影響。有些記者不願因事實而放棄醒目的新聞標題，依舊報導嬰兒聆聽莫札特音樂後變得更聰明的新聞。這類報導並非新聞界馬虎的特例，九○年代末期的媒體報導中，有40%都提到這個據說對嬰兒有利的論點。媒體持續報導這種所謂的「莫札特效應」，甚至還影響了社會政策。一九九八年，喬治亞州支持發送古典音樂CD給新生兒的母親；佛羅里達州也通過法案，要求州立托兒所天天播放古典音樂。

所謂的「莫札特效應」變成子虛烏有的傳奇，很多人都誤以為聆聽莫札特音樂可以全面提升智商，而且效果持久，連嬰兒都有幫助。不過，時序進入二十一世紀以後，情況開始逆轉。首先，哈佛大學的克里斯多福‧查布瑞斯（Christopher Chabris）蒐集了各種想要重新證實羅徹爾研究的實驗結果。他的結論是，那效果如果真的存在，也比大家想的小很多。後來其他的研究也指出，即使那效果真的存在，可能也和莫札特雙鋼琴奏鳴曲D大調的特殊屬性無關，而是和這類古典音樂給人的快樂感有關。例

如，在一項研究中，研究人員比較莫札特音樂與另一首比較悲傷的曲子（阿爾比諾尼的風琴與弦樂G小調），結果發現莫札特音樂的效果比較強。但是，當研究人員做另一個對照實驗，探討那音樂讓受測者感到多快樂與興奮時，所謂的莫札特效應卻突然消失了。在另一項研究中，心理學家比較聆聽莫札特音樂與史蒂芬金短篇小說《最後的階梯》（*The Last Rung on the Ladder*）的效果。當受測者對莫札特的喜愛勝於史蒂芬金時，他們聆聽莫札特音樂後的智力測驗成績較好。但是，當受測者比較喜歡史蒂芬金時，他們聽完故事後的測驗成績較高。

大眾相信的莫札特效應其實是一種迷思，幾乎沒什麼有力的科學證據可以證明嬰兒聆聽莫札特音樂對智商有長遠的影響。所以，如果我們就此推論音樂無法提升兒童的智商，這種說法公平嗎？其實不然，還是有證據顯示音樂的確有它的效用，只是那和莫札特CD無關，而是一種比較實際的態度。

有一些研究證實，上音樂課的孩子通常比同學聰明，不過這很難區分其中的因果關係，有可能是音樂課讓他們更聰明，也有可能是比較聰明或家庭環境比較好的孩子更有可能上音樂課。幾年前，心理學家葛藍·謝能堡（Glenn Schellenberg）決定用研究釐清這個因果關係。

謝能堡先在當地報紙上刊登廣告，每週免費教授六歲的孩童藝術課程，結果有一百四十幾位孩童的家長回應廣告。他把他們隨機分成四組，讓其中三組到多倫多皇家音樂院上幾個月的課程。第四組是對照組，謝能堡等研究結束後才讓他們上課。前三組學生分別是學習彈琴技巧、聲樂、戲劇，所有孩童在課程前後

都做同樣的智力測驗。

結果顯示，學彈琴與聲樂的孩童智商明顯增加了，學戲劇的孩童則和對照組無異，為什麼？謝能堡認為，學音樂時學到的幾種技巧可以促進孩子的自律與思考，包括長時間集中注意力、反覆練習、增強記憶等等。

無論原因是什麼，如果你想提升孩子的智力，就別再放莫札特的CD了，開始讓孩子學琴吧。

命名遊戲

你相信姓名學嗎？取名時選擇字首為A或B的名字，避開字首為C或D的名字，對考試成績有所助益。

家長知道名字會跟著孩子一輩子，所以常為了孩子的命名傷透腦筋。研究人員認為，家長深思熟慮這個議題是明智的，因為許多研究證實，名字的確可能產生奇怪的效果，有時那效果還相當強大。

例如，在我上一本著作《怪咖心理學》（*Quirkology*）裡，我提到有研究發現，在選擇居住地點時，名叫佛羅倫斯的人住佛羅里達州的比例特別高，叫喬治的人多住在喬治亞州，叫肯尼士的人多住肯塔基州，叫維吉爾的人多住維吉尼亞州。此外，在擇偶方面，研究也發現，夫妻同姓的機率也比一般機率高。甚至連個人的政治立場也可能受到名字的影響，有一份探討二○○○年總統大選的研究指出，姓氏B開頭的人特別可能捐款贊助布希（Bush）陣營，姓氏G開頭的人比較可能捐款贊助高爾（Gore）陣營。

從那時起，我開始做一些研究，以發掘姓氏對人生的可能影響。不久前我和當時擔任《每日電訊報》科普編輯的羅傑・海飛德（Roger Highfield）合作，探討姓氏字首排比較前面的人是不是比排後面的人成功。換句話說，姓Abbot與Adam的人是不是比姓Young與York的人過得更好？

我們會認為這兩者之間有關聯，其實不是無中生有。二〇〇六年，美國經濟學家里藍‧安納維（Liran Einav）與利亞特‧亞里夫（Leeat Yariv）分析在美國大學經濟系裡任教的學者姓氏，結果發現姓氏字首排愈前面的人，比較可能在頂尖的學校裡教書，也比較可能成為計量經濟學會的成員，獲得諾貝爾獎的人也比較多。他們在《經濟觀點期刊》（*Journal of Economic Perspectives*）上發表這份驚人的研究，主張「字母順序歧視」可能是因為學術期刊上的論文常按字母順序排列作者，讓字母排在前面的人感覺比其他人出色。

我想知道同樣的效果是否也適用在經濟圈外，畢竟不管是在學校註冊、工作面試或考場上，姓氏字首排前面的人一向習慣站在大家前面。我們也習慣把排在名單前面的人看成贏家，排在名單後面的人當成輸家，所以這些小小的經驗日積月累下來會產生長期的影響嗎？

我們請受測者表明他們的性別、年齡、姓氏，並評估他們人生各方面的成就高低。結果顯示，姓氏字首排在前面的人覺得自己的人生比較有成就，這效果在職場成就方面特別明顯，顯示職場上的確有「字母順序歧視」。

這種奇怪的效應是什麼造成的？資料中的某個型態提供了重要的線索。姓氏效應會隨著年齡增大，所以應該不是源自於童年經驗，而是逐年累積而成的。讓人持續排在大家的前面或後面，似乎會逐漸改變一個人看待自己的方式。所以姓氏字母排在後面的人應該為這些研究結果擔心嗎？我姓Wiseman，所以這輩子按字母順序排姓氏時，始終排在大家的後面，但我發現這效應雖然

理論上很有意思，實際上的影響微乎其微，所以我還蠻放心的。

有些人即使為孩子列了一些可能的名字，也向親朋好友徵詢意見了，還是不知道該選哪個名字好。是應該選傳統的名字？還是選比較有現代感的名字？幫孩子取跟名人一樣的名字好嗎？尋常的名字比較好，還是與眾不同的名字比較好？這時心理學就派上用場了。

以前有研究顯示，名字有正面意涵的人，人生過得比較順遂。例如，老師通常會給名字討喜的孩子（如Rose）比較高的作文成績，名字不討喜的大學生感覺比較孤僻，姓氏有負面意涵的人（例如「Short」（矮）、「Little」（小）、「Bent」（彎））特別容易有自卑感。

我和愛丁堡國際科學展合作，探討哪個名字在二十一世紀給人感覺特別有成就與魅力。這個研究總共吸引六千多人上網，指出他們覺得英國某些熱門的名字是否很有成就與魅力。結果呈現出很明顯的趨勢，大家認為有皇家淵源的傳統名字（例如詹姆斯與伊莉莎白）感覺很有成就與智慧。相反的，最有魅力的女性名字通常發音聽起來輕柔，尾音是「一」（例如Lucy與Sophie），最性感的男性名字則很簡短，發音聽起來比較粗獷（例如Jack與Ryan）。大家認為最沒成就的名字是Lisa與Brian，最沒吸引力的名字則是Ann與George。

另外，名字字首也有關係，就像《怪咖心理學》提過的，加州大學的尼古拉斯‧克力史坦菲爾（Nicholas Christenfeld）與同仁指出，名字的字首也可能攸關生死。他們分析內含數百萬筆加州死亡證明的電腦資料庫，結果發現，首字母縮略字有正面意涵

的男性（例如ACE、HUG、JOY）平均多活四年半，首字母縮略字有負面意涵的男性（例如PIG、BUM、DIE）則比一般人少活三年。字首正面的女性也多活三年，但字首負面的女性倒沒什麼大礙。

二〇〇七年萊夫・尼爾森（Leif Nelson）與約瑟夫・席蒙斯（Joseph Simmons）做的新研究顯示，這種效果不只限於名字字首意涵特別正面或特別負面的人而已，只要名字稍有正面或負面暗示，就足以對人的一生產生很大的影響。

在某些情況中，連單一字母也攸關個人成敗。或許其中最廣為人知、也最重要的例子，是出現在很多考試成績上。多數考試都是給成績好的人A與B，給成績差的人C與D。尼爾森與席蒙斯想知道，名字字首剛好是A或B的人會不會在無意間有股動力想考好成績，名字字首是C或D的人會不會欠缺拿高分的動力。為了驗證這個大膽的假設是否成立，他們兩人分析了美國某大學十五年的學生平均成績。驚人的是，字首是A或B的學生平均成績的確比字首C或D的學生高出許多。

受到前述實驗的鼓舞，尼爾森與席蒙斯開始注意這效應對這些人的人生有什麼影響。他們覺得如果字首A或B的學生平均成績優於字首C或D的學生，前者或許也比較容易申請到比較好的研究所，所以職場生涯也會比較成功。但是，為了驗證這個假設，他們必須先找到內含學生名字字首與研究所名稱的龐大資料庫才行。經過多方尋找，他們終於找到完美的資料：美國律師協會的網路資料庫。於是研究團隊開發了一套電腦系統，掃讀一百七十家法學院學生的名字字首，又根據《美國新聞與世界報

導》（*U.S. News and World Report*）的學校排名設定各法學院的優劣，然後比較這些資料與近四十萬筆的律師資料，如此便得出了研究結果。他們發現，素質愈差的法學院裡，名字字首是A或B的律師比例愈少。他們在報告的最後提到，「名叫Adlai與Bill的人就讀的法學院似乎比名叫Chester與Dwight的人好。」

　　研究顯示，姓氏字首排在前面的人比排在後面的人更有成就。不過，想挑個有成就的姓氏畢竟不容易，除非你申請改姓或冠夫姓。但是，幫小孩命名時，其他的研究結果倒是可以讓大家參考一下。例如，一般認為有皇家淵源的名字比較有成就，也比較有智慧。另外，不要低估名字字首的影響力，盡量避免讓名字字首產生負面意涵。選以A或B開頭的名字，避免選C或D開頭的名字，也對考試成績有幫助。

讚美效應

**一味地讚美孩子會讓他們害怕做得不夠好、迴避挑戰，試著
讚美「努力」而不是讚美「能力」。**

　　幾乎所有親子教養書都鼓吹讚美的效用，有些勵志大師還表
示，時常讚美孩子以培養他們的自尊心，是為人父母給孩子最棒
的禮物。孩子考好成績時，就誇他好聰明。孩子畫一幅好看的圖
時，就稱讚他很有藝術天分。孩子射門得分或賽跑贏了，就讚美
他很有運動細胞。根據這套理論，我們應該避免負面評論，把焦
點放在孩子的正面表現上就好了。

　　這種說法直覺聽來滿有道理的，持續對小孩說他們很棒，他
們長大後一定會變得很有自信，成為快樂的人。到目前為止，感
覺似乎都很合理，只不過這種夢幻的人心觀點有個小問題。研究
顯示，告訴孩子他們很聰明、很有天分，其實是蠻糟的事。

　　九〇年代末期，哥倫比亞大學的克勞蒂亞‧穆勒（Claudia
Mueller）與卡羅‧德威克（Carol Dweck）做了大規模的研究，
探討讚美的心理。他們找來四百多位小孩，年齡介於十到十二歲
之間，涵蓋各種族群與社會經濟背景。他們讓孩子做智力測驗，
那測驗是讓小孩看一列圖案，然後根據邏輯判斷最後應該出現什
麼圖案。孩子完成測試後，研究人員便收走考卷，計算分數，但
是他們最後是給小孩錯誤的分數，告訴每個小孩他們都考得很
好，答對了八成的題目。

此外，他們還告訴其中一群孩子，他們一定是非常聰明，才會答對那麼多題。但是對另一群孩子，他們什麼也沒說。根據勵志大師的理論，光是讚美小孩幾秒鐘，也可以產生很大的效用。研究結果顯示，他們說得沒錯，但是所謂的影響，可能不是他們原本預期的那樣。

在下一階段的實驗中，研究人員告訴孩子，他們可以從兩項任務中選一樣來做，還說其中一項任務很難，他們可能不會成功，不過即使失敗了，還是可以學到東西。相反的，另一項任務簡單許多，他們很可能做得很好，但學到的東西較少。當初被稱讚很聰明的孩子裡，有65%是選簡單的任務，相較之下，沒被稱讚的孩子則只有45%選簡單的任務。被稱讚的孩子比較可能迴避挑戰，容易挑簡單的事情做。這對喜歡讚美孩子的父母來說並不是好消息，不過更糟的還在後頭。

在下一階段的實驗中，研究人員給孩子更多的難題，這次的題目比上次困難許多，所以多數孩子的成績都不太理想。測驗完後，他們問孩子喜歡那些測驗的程度，以及回家後還會不會想要繼續玩。結果兩組之間出現明顯的差異，原本受稱讚的孩子覺得那測驗比較難玩，也比較不願意回家後繼續解題。

在實驗的第三階段，情況更是糟糕。研究人員要求孩子再做一次測驗，這次的題目其實和第一次的題目一樣簡單，雖然兩組孩子第一次的成績差不多，但最後一次的成績卻差很多。研究結果和很多勵志大師的預期正好相反，原本受到稱讚的孩子反而分數比其他孩子低。

為什麼讚美會出現與直覺相反的效果？穆勒與德威克認為是

幾個因素造成的。告訴孩子他們很聰明，可能讓他們自覺不錯，但也會讓他們因此害怕失敗而迴避挑戰，怕萬一失敗了會很丟臉。此外，告訴孩子他們很聰明，也表示他們不需要努力就可以表現得不錯，所以孩子也比較沒有動力做必要的努力，比較可能失敗。可惜的是，萬一他們之後拿到低分，他們的動力也可能因此潰散，進而產生無力感。畢竟，分數低就表示他們沒像別人說的那麼聰明，他們也無法改變什麼。成績差所造成的心理效果不容忽視，穆勒與德威克在實驗中請每個孩子告訴同學，他們在困難測驗中考得如何。原本被稱讚的孩子中，有近四成謊報自己的成績，沒被稱讚的孩子中只有一成謊報成績。

這表示所有讚美都不好嗎？目前為止，我只提到穆勒與德威克實驗裡的兩組孩子，其實另外還有一組孩子，他們一開始獲得「考得很好，你答對八成題目」的回應後，也得到一句讚美。不過研究人員不是稱讚他們很聰明，而是說他們一定是很努力才會拿到高分。這群孩子後來的表現和另外兩組大不相同，當他們需要從困難與簡單的任務中挑選一項時，只有10%的人選簡單的任務，事後他們也覺得困難的問題比較有趣，比較願意回家繼續解題。最後測試比較簡單的題目時，他們的得分也比第一次測驗時高出許多。

這結果清楚顯示，稱讚努力和稱讚能力的效果截然不同。穆勒與德威克認為，稱讚孩子很努力可以鼓勵他們多方嘗試，不會害怕失敗。也因此，學習的渴望凌駕低分的恐懼，讓他們更願意嘗試有挑戰性的任務。此外，這些孩子在未來的測試中，也會因為受到激勵而更加努力，更有可能成功。即使未來失敗了，他們

也會覺得那是因為自己努力不夠，而不是先天能力不足，就此衍生無力感。

　　穆勒與德威克的實驗雖然是在中學做的，其他的研究也在幼兒與青少年身上發現一樣的結果。他們都覺得不是所有讚美都有一樣的效果，有些讚美反而阻礙孩子的動力，有些則可激勵他們做得最好。告訴孩子他們擁有某項特質，例如聰明與才華，對他們的心理健康其實會產生不利的影響，因為這樣反而鼓勵他們迴避挑戰，不那麼努力，一遇到挫折就洩氣了。相反的，讚美他們很努力則可以激勵他們挑戰自我，更用心，面對困難時堅持下去。

　　我們很容易就誤以為稱讚孩子的能力與天分對他們有益，但研究顯示，那樣的讚美其實有害，最好是把焦點放在他們的努力、專心、組織技巧上。所以，如果女兒考試成績不錯，就稱讚她一定是很用功唸書、善用複習的時間、擅長在壓力下面對挑戰。同樣的，兒子打進足球校隊時，就稱讚他練球很努力，擅長團隊合作。這些讚美可以鼓勵他們更投入、更善於面對挫折、遇到困難時堅持到底。為了幫他們進一步鎖定目標，你可以問問他們是使用什麼技巧與策略，幫他們進一步思考（「你最喜歡其中哪一部份？」或是「你如果處理問題？」）。另外，讚美也要盡量明確，例如，最好是說「你今天足球踢得很好」，不要光說「你蠻會踢足球的」。

自律的祕密科學

**培養自我的約束能力時，注意孩子的好奇心與叛逆的心態，
試著用委婉的方式提出要求，會得到較好的效果。**

　　我們先來做一個簡單的思考實驗吧。想像你打算在一家高檔
的咖啡店裡待一小時，你走到店裡，服務生送上一長串誘人的糕
點選單，糕點的份量很少，但相當美味。你瀏覽那份選單，選出
最愛的一種，或許是一份美味的起司蛋糕、誘人的奶油蛋糕，或
是可口的水果派。你點了糕點後，服務生送上一份很小、但相當
誘人的夢幻糕點。你現在想像糕點就放在你面前，令人垂涎三
尺。正當你要動手時，服務生說今天咖啡店有特價優惠活動，你
可以現在就吃一份糕點，或是等三十分鐘，用同樣價格吃到兩
份。你會怎麼做？你會等候三十分鐘，還是連服務生的話都還沒
聽完，就把蛋糕掃進肚子裡了？

　　六〇年代末期，史丹佛大學的心理學家華特·米歇爾
（Walter Mischel）實際做了一個類似上述情境的驚人實驗，他和
研究團隊帶了一大包棉花糖與一個鐘鈴，到附近的學校找四歲幼
童做實驗。實驗時，他們一次找一位幼童進房間，帶他們到一張
桌子前面坐下來，桌上放著一顆棉花糖、一個搖鈴、還有另外兩
顆棉花糖。他們對小孩說，研究人員需要離開幾分鐘，在他回來
以前，如果他們都不碰桌上的東西，就能吃兩顆棉花糖。實驗者
也對小孩說，他們可以隨時搖搖鈴請研究人員回來，但是這麼做

就只能得到一顆棉花糖。

　　他們讓每個孩子都面對類似你剛剛想像的糕點難題。提早搖鈴，就只能吃一顆棉花糖；等待一下，就可以得到雙倍報酬。這種看似簡單的測試可以精確衡量每位小孩的自我約束力，有三分之一的小孩馬上就吃下一顆棉花糖，另外三分之一是等了一會兒才搖鈴，最後三分之一則是等實驗人員回來，所以他們可以獲得兩顆棉花糖。

　　不過，米歇爾不只想知道多少比例的孩童可以抗拒誘惑而已，他就像那些因為等候而獲得兩顆棉花糖的孩子一樣，其實他是放眼長期更特別的研究。十年後，米歇爾盡力聯絡上這些小孩的父母，詢問這些青少年的成長情況，他們過得還好嗎？有事先計畫的習慣嗎？遇到挫折容易放棄嗎？沒想到多年前和三顆棉花糖與一個搖鈴共處幾分鐘的結果，竟然可以用來預測未來的情況。那些等實驗結束才得到兩顆棉花糖的孩子，通常長大後比較能夠自我激勵，善於因應困難，面對挫折時也比較能夠堅持下去。相反的，馬上吃掉棉花糖的孩子則容易分心，比較沒有動力，做起事來雜亂無章。

　　能夠延遲立即享樂並專注長期的成果，是達成重要目標與抱負的關鍵。例如研究顯示，學生的自律程度比智力測驗成績更能有效預測未來的學業成績。能抗拒誘人糕點的減肥者比較快瘦下來，能撐完課業複習的學生考試成績比較好，願意練習好幾小時的運動選手贏得較多獎牌。米歇爾的研究顯示，這種能力是在幼年形成的，成長過程中持續不變。他的研究也透露，大多數的小孩都會選擇馬上吃下一顆棉花糖，而不是等幾分鐘後才吃兩顆，

他們在人生中也比較難獲得他們想要的東西。

如果你剛好碰上「馬上吃下棉花糖」的孩子，什麼是幫他們控制衝動與守規矩的最好方法？是好言相勸（「當個乖孩子，只上網三十分鐘好嗎？」）還是語帶威脅比較好（「你再不關電腦，我就沒收你的滑鼠！」）？六〇年代中期，史丹佛大學的強納生・弗利德曼（Jonathan Freedman）做了一個實驗探討這個議題，結果令人意外。他從加州兩家學校找來四十位七到十歲的男孩，一次邀一位進房間，請他為五種玩具給分，以顯示他喜歡那些玩具的程度，分數從0到100，0代表「玩具很爛」，100代表「玩具很酷」。其中四種玩具很普通，分別是廉價的塑膠潛水艇、小孩的棒球手套、玩具牽引機、玩具步槍。相反的，第五種玩具特別貴也特別有趣，可說是玩具中的精品，是六〇年代的尖端科技：電動機器人。

等男孩做完評估後，研究人員解釋，他需要離開房間幾分鐘去辦點事情，他告訴男孩可以隨意玩前四種玩具，但不要去摸機器人。他還清楚對其中一半的孩子說，要是不聽話，會有壞事發生（「如果你玩機器人，我會很生氣，我會處罰你」）；他對另一半的孩子講得比較委婉（「不要玩機器人，那樣不乖」）。研究人員離開後，留下男孩渴望地盯著機器人那雙「來吧，找我玩」的閃爍雙眼。五分鐘後，研究人員回來，謝謝男孩參與實驗，並讓他離開。

研究人員離開時，男孩會不會禁不起誘惑？為了一探究竟，研究人員在機器人裡面裝了祕密裝置，可以判斷玩具是否被啟動了。結果資料顯示，只有兩位男孩有自制力，沒碰機器人。其中

一位來自「嚴厲警告組」，另一位是來自「委婉勸說組」。當研究人員不在場執行不准玩機器人的規範時，實驗證明兩種方式都一樣沒效。

不過，弗利德曼並未預期短期有什麼實質差異，他比較感興趣的是長期有什麼差異。六週後，他派一位女性研究人員回到學校，顯然是找同一批男孩做不同的研究，她一次找一位男孩進房間裡，叫他畫畫。之前那五樣玩具還是放在房間的角落，小孩畫完後，研究人員告訴孩子，現在可以玩任何玩具幾分鐘。這次他們不對玩具設限了，每樣都可以隨意玩。結果，原本屬於「嚴厲警告組」的男孩中，有77%跑去玩機器人，「委婉勸說組」中則只有33%玩機器人。沒想到幾週前不同的規定方式，竟然會對男孩後續的行為造成那麼大的影響，委婉勸說讓孩子變得更加聽話。

為什麼會有那麼大的差異？有幾種可能的解釋。有些研究人員認為，那和人思考威脅的方式有關。通常，只有在不希望對方做他想做的事時，我們才需要提出威脅。對方愈想做某件事時，就需要愈大的威脅，才能避免他去做。根據這項理論，孩子聽到嚴厲警告時，他的潛意識會想：「哇！只有在我真的很想做某件事，但大家不讓我做時，他們才會對我做那麼大的威脅，所以我一定是很想玩那個機器人。」同理，當你委婉要求男孩不要玩機器人，會讓他們覺得他們其實沒那麼想玩機器人。

有的研究人員認為，威脅一出，馬上把機器人提升到「禁果」的地位，反而誘發由來已久的人性傾向：你愈禁止，我愈想得到。雖然學術界也強烈質疑這傾向可能是因為好奇心或叛逆的

心態使然,但大家都同意這個效果很強大,可以用來解釋為什麼想禁止青少年抽菸、喝酒、開快車,卻常出現適得其反的效果。

在自律的祕密科學中,有些小孩天生就有克制衝動的能力,有些小孩則難以抗拒立即滿足的誘惑。對於那些馬上吃一顆棉花糖,而不是等著吃兩顆的孩子來說,想要灌輸他們自我約束力,顯然你對他們的威脅愈小,效果愈大。

棉花糖測試

　　對自己的孩子或朋友進行棉花糖測試很簡單，找一種他們喜歡的食物，讓他們選擇是現在先吃一小部分，還是等十分鐘再吃比較多。如果你想做這種迅速有趣的實驗，實驗時，從頭到尾都要讓實驗對象看到大小份量的食物。米歇爾的研究顯示，當人持續看到最愛的食物在眼前誘惑時，實驗的效果最好。

頭與腳

　　棉花糖實驗是衡量衝動的程度，其他研究則是把焦點放在讓孩子聽話、專心、做該做事所需要的自我約束力。奧勒岡州立大學（Oregon State University）的梅根・麥克里蘭（Megan McClelland）和同仁做的實驗是找來好幾百位四、五歲的孩子，玩一種名叫「頭與腳」的遊戲。遊戲時，研究人員喊「摸你的頭」或「摸你的腳」。孩子聽到「摸你的頭」時，必須去摸他們的腳；聽到「摸你的腳」時，必須去摸他們的頭。研究顯示，孩子遊戲的得分可以預測他們的閱讀與算數能力。如果你想玩這個遊戲，就向孩子解釋遊戲規則，和他們先練習幾次。然後，隨機喊出「摸你的頭」或「摸你的腳」，孩子毫不遲疑就做出正確反應時，就給他兩分。如果他們先做出錯誤反應又立刻更正自己，就給一分。如果反應始終錯誤，就給零分。連續喊出十次指令後，看他們總共得幾分。平均而言，三歲小孩通常是拿三分，四歲小孩是拿十分，五歲小孩是拿十四分。如果你的孩子得分沒那

麼高，也請不要慌。孩子分數有高有低本來就很正常，得分低就表示他可以從以下的遊戲中獲得一些幫助。

專注

　　研究顯示，玩某些遊戲可以幫孩子集中注意力、聽話、培養自制力。在「暫停遊戲」中，叫孩子隨著音樂起舞，音樂一停就靜止不動。遊戲一開始，先叫孩子聽到慢歌就慢慢起舞，聽到快歌就迅速擺動。等他們熟悉這個階段後，再叫他們做相反的動作。另一種類似的遊戲叫「指揮樂團」，給小孩任一種樂器，用指揮棒指揮他們的音樂。遊戲一開始，告訴他們看到你揮動指揮棒時就演奏，看到你放下指揮棒時就停止。接著，告訴他們看到你迅速揮動指揮棒時就迅速彈奏，看到你緩緩揮動時就緩慢彈奏。最後，叫孩子做出和指令相反的動作。另外，有一些其他的技巧也可以幫孩子了解、重視、培養自我約束力。你可以試著叫他們用不常用的那隻手寫名字，倒著寫每年的月份，或是在三十秒內盡量列舉某一類東西（例如蔬果、寵物、國家）。當你看到孩子很專注做某件事時，可以鼓勵他們思考自己的行為，例如問他們自己感覺專心了多久（並指出他們專心時，時間過得很快），或是別人打擾他時有什麼感覺（並指出中斷後再恢復專心的重要）。

避免威脅

　　威脅只有短期有效，長期其實有反效果。告訴小孩做某件事會受到懲罰，反而會讓他們覺得那件事更有吸引力。所以你應該嘗試前述機器人實驗裡的「委婉勸說法」，告訴他們你不希望他們做某件事就好了，如果他們堅持要知道你為什麼不讓他們做，就試著引導他們找出幾個可能的原因。

CHAPTER **IO**

個性 Personality

第十章
個性

為什麼不要相信筆跡學？
如何從對方的手指與拇指、寵物、就寢時間
洞悉他的個性？

二〇〇五年，世界領袖齊聚瑞士參加一場大型的經濟論壇，討論地球面臨的一些重大議題。從貧窮到民營化，資本主義到氣候變化，沒什麼議題躲得過這些能人志士的法眼與影響力。然而，討論的議題雖然龐雜，多數媒體卻把焦點集中在某位與會者不小心留在會場的一張紙上。

報社設法取得英國首相布萊爾開會時塗寫的紙張，他們請多位筆跡學家根據他的筆跡與圖畫做心理評估，筆跡學家立刻接受挑戰，指出他不連貫的字母、右傾的字體、奇怪的D寫法顯示他正裝出「布萊爾風采」，苦於掌握渾沌的世界，是個樂觀的夢想家，無法完成任務，潛意識裡對政治生涯抱著一死了之的希望。

當時布萊爾正面臨許多政治問題與醜聞案，包括即將舉行的英國大選，所以筆跡學家的觀察似乎精確地洞悉了他的個性。不過，幾天後，情勢一轉，首相辦公室否認那張紙是布萊爾的，而是另一位與會者，亦即微軟公司的創辦人、也是全球企業家首富比爾・蓋茲所寫的。

筆跡學的支持者認為，搞混布萊爾與蓋茲的筆跡對他們的聲

譽並沒有多大的影響。一般而言，一個人的筆跡可以精確透露出他們的個性、智慧、健康，甚至是犯罪意圖。很多公司的人事部都對此理論相當重視，有調查指出，5%到10%的英美企業會定期在人才招募的過程中，根據筆跡篩除不適合的人選。

但筆跡學真的有效用嗎？還是只是一種迷思罷了？研究人員傑弗瑞・迪恩（Geoffrey Dean）投入相當多的時間探究這個議題，蒐集數百份探討筆跡學的科學研究，用那些研究來檢視支持筆跡學的人所宣稱的理論，他的研究結果令人訝異。

在一項分析中，迪恩核對十六份探討職場筆跡學的學術論文，比較筆跡學家預測的員工績效和上司實際打的考績，結果顯示，筆跡學家的預測和工作成就沒多大關係。事實上，筆跡學家預測的準確度，和沒受過筆跡學訓練的門外漢猜的差不多。

在另一項分析中，迪恩是找科學家做過的研究，那些研究比較筆跡學家做的個性判斷和科學化人格測試的結果。他收集了許多期刊（這次共找了五十三份），分析那些研究結果，發現筆跡學家的判斷不僅不太準，沒受過筆跡學訓練的對照組其實準確度跟所謂的專家差不多。

想要從筆跡看個性其實很難，搞混布萊爾與蓋茲的筆跡不是一時的筆誤，而是探究筆跡學時經常發現的情況。研究顯示，從筆跡並無法精確與可靠地洞悉個性，不應該把它當成預估員工績效的實用方法。

所以如果你無法根據筆跡判斷某人的個性，那要怎麼洞悉他的真正性格？答案在於所謂的「五大人格特質」的概念、卡薩諾瓦效應，以及車上的貼紙。

五大人格特質

歷時多年的研究結果證實，五大人格特質的確存在。了解這些特質不只可以洞悉自己，也可以看清他人。

有些全球最偉大的思想家曾經試圖了解人性的複雜。佛洛伊德認為，人最適合按照身上讓他們產生歡愉的洞來分類。維多利亞時代特立獨行的科學家法蘭西斯·高爾頓男爵（Francis Galton）則是檢視顱骨上的凸起，榮格（Jung）認為個性是由出生時的星辰位置所決定的。

佛洛伊德、高爾頓、榮格忙著探索夢想、顱骨形狀，或仰天尋求靈感的時候，其他科學家則是研究比較務實與有效的方法。這些研究人員相信，人心的祕密結構是潛藏在語言裡。他們猜測人類用來形容自己與他人的詞彙，應該反映了個性的基本面向。如果事實真如他們所想的那樣，他們覺得只要仔細蒐集與比對用來形容人的所有字眼，應該就可以發現個性的基本架構。

這方面的研究始於一九三○年代，有一群專業的研究人員仔細翻閱全文版字典的每一頁，他們挑出可以用來形容個性的所有字眼，從「風趣」到「討厭」，「善良」到「好鬥」，總共彙編了一萬八千多字。接著他們檢閱那一長列清單，找出形容重要特質的四千個字眼。一九四○年代，另一群研究人員繼續努力，把這個縮短的清單拿去做初步的電腦化分析，進一步縮至兩百字左右。接下來的四十年，有數千人以這些形容詞評估自己與他人，

研究人員用愈來愈複雜的統計技巧分析資料，以找出人類個性的主要面向。一九九〇年代初期終於出現共識，許多國家與文化做的大型研究證實，五大人格特質的確存在。

這些面向就是人格研究的最終指標，合稱為五大人格特質。多年來，這五大面向有多種不同的稱法，不過一般通稱為「開放性」（Openness）、「嚴謹性」（Conscientiousness）、「外向性」（Extraversion）、「親和性」（Agreeableness）、「神經質」（Neuroticism）（可以用OCEAN或CANOE等縮寫幫助記憶）。每個面向都像是由高而低的連續刻度表，每個人都可以用這五個分數來形容，顯示他們在各種刻度上的位置。其他的研究也顯示，這些面向是由基因與童年經驗一起決定的，通常一輩子都不會變，而且會影響各方面的行為，包括關係、職場表現、休閒活動、消費者選擇、宗教與政治信仰、創意、幽默感與健康。

所以這五大面向的主旨是什麼？每個面向的得分高低又意味著什麼？

「開放性」是指一個人追求與欣賞新奇、有趣、罕見經驗的程度。高分的人比較有好奇心，心胸開闊，容易感到無聊，但特別善於忍受模稜兩可的情況，擅長從多元角度觀察局勢與問題。他們很有創意、睿智、有趣、富想像力、不拘泥傳統。他們的精神生活豐富，喜歡新奇的點子，通常會記得他們的夢想，擅長築夢。相反的，低分的人通常比較傳統，腳踏實地，比較務實，對熟悉的地方與食物感到比較自在，通常會按部就班地解決問題。

「嚴謹性」是指做事有條理、堅持不懈、自律的程度。高分者非常有條理、可靠、努力、有毅力，願為長期成果而放棄短期

報酬。他們在職場上通常表現出色，努力實踐新年新希望，非常準時。他們通常也比較長壽，因為他們比較不會有高風險的舉動（例如魯莽駕駛），比較可能做運動，飲食均衡，定期做健康檢查。低分者通常比較靠不住，隨和，是快樂主義者，比較難受到激勵，容易分心，但是面對瞬息萬變的環境時，他們比較靈活。

「外向性」是指受外界與他人刺激的需要。高分者比較有趣、衝動、樂觀、快樂，喜歡和人相處，交遊廣泛。他們喜歡領導，而不是跟隨別人，喜歡開大膽或有色的玩笑，飲酒量較多，善於一心多用，追求及時行樂，性伴侶也比較多，比較可能對另一半不忠。低分者通常比較深思熟慮、內斂、保守，社交圈較小，只跟三五好友膩在一起，比較喜歡閱讀好書，而非夜遊，比較容易傷感，擅長專心投入單一任務，比較喜歡有智慧的幽默（例如雙關語），喜歡在封閉式、干擾少的辦公室裡工作。

「親和性」是指關懷他人的程度。高分者比較值得信賴、無私、善良、深情，或許最重要的是，他們也比較討人喜歡。他們比較不會離婚，工作面試時比較討喜，工作上比較容易獲得升遷。低分者通常比較有攻擊性，敵意較強，不合作，他們通常是從自己的觀點看事情，認為正確比顧及他人的想法與感覺重要，在需要意志堅定的情境中表現較好，比較不會讓人佔便宜。

「神經質」是指情緒穩定與抗壓的程度。高分者比較容易擔心，自卑，設定不切實際的抱負，常出現多種負面情緒，例如憂傷、敵意、妒忌。他們非常需要關懷，再加上個性自卑，所以可能出現強烈的佔有欲與依賴心。低分者通常比較冷靜、放鬆，失敗時比較容易復原，情緒穩定。他們比較不會因為負面事件而受

到驚嚇，擅長用幽默化解自己與他人的焦慮，善於因應不幸，有時在壓力下反而表現得更好。

如今多數心理學家認為，人格看似複雜，那是一種幻覺。實際上，人只有五大人格特質的差異。了解這些面向，你就可以洞悉你的行為與思惟。同理，當你可以迅速了解周遭人的個性時，也可以了解他們的行動，知道如何和他們溝通。現代的研究顯示，佛洛伊德、高爾頓、榮格都錯了，了解個性的祕訣在於深植我們語言與生活中的五大人格特質。

　　心理學家設計過多種問卷，以衡量大家對五大人格特質的回應。可惜，那些問卷通常包含許多問題，要花很多時間才回答得完。不過，有些研究人員設計了簡易版問卷，可以迅速幫你找出你在五大面向上的位置。這種問卷雖然沒有詳細的敘述，卻是幫你了解個性基本組成的實用工具。

　　填寫這份問卷時，請用下面的評分表衡量每句話形容你的貼切程度。那是指你目前的概況，而不是你希望未來變成的樣子。誠實觀察你自己相對於同年齡、同性別的友人是什麼樣子，先不要管每格格子裡的數字。

我覺得我是	極不同意	不同意	有點不同意	沒意見	有點同意	同意	極同意
1. 派對上的靈魂人物	1	2	3	4	5	6	7
2. 對他人不太關心	7	6	5	4	3	2	1
3. 總是做好準備	1	2	3	4	5	6	7
4. 容易感到壓力大	1	2	3	4	5	6	7
5. 有絕佳的點子	1	2	3	4	5	6	7
6. 話不多	7	6	5	4	3	2	1
7. 對人感興趣	1	2	3	4	5	6	7
8. 常忘了把東西歸回原位	7	6	5	4	3	2	1
9. 大多時候都很放鬆	7	6	5	4	3	2	1
10. 難以理解抽象概念	7	6	5	4	3	2	1

得分計算

看第五項敘述（「有絕佳的點子」）與第十項敘述（「難以理解抽象概念」）中，你勾選的那格裡的數字。把那兩個數字加起來就是你的「開放性」得分，如果你的分數是10或更低，你就是低分者；如果分數大於10，你就是高分者。把你的分數記錄在底下：把總分寫在線上，然後在低分或高分的欄位裡打勾。

開放性

第5與第10項敘述的總分：＿＿＿＿＿

□低分（10分與以下）　　□高分（10分以上）

針對剩下的四個面向重複這個流程：

嚴謹性

第3與第8項敘述的總分：＿＿＿＿＿

□低分（11分與以下）　　□高分（11分以上）

外向性

第1與第6項敘述的總分：＿＿＿＿＿

□低分（9分與以下）　　□高分（9分以上）

親和性

第2與第7項敘述的總分：＿＿＿＿＿

□低分（10分與以下）　　□高分（10分以上）

神經質

第4與第9項敘述的總分：＿＿＿＿

□低分（9分與以下）　　　□高分（9分以上）

迅速分析與幾點有用提示：

開放性

　　高分者通常比較有想像力與創意，但也容易感到無聊，需要不斷找新點子與經驗豐富心靈。低分者比較務實，努力落實目前的點子，喜歡逐步改變而不是激進改變，依循既定型態與規則。

嚴謹性

　　高分者做事井然有序，有條有理，盡忠職守。他們在系統分明與可預測的環境內表現最好。低分者比較隨性，輕鬆享受生活，但自律性較差，需要人督促。

外向性

　　高分者通常是人來瘋，夜貓子，吃軟不吃硬。低分者獨自安靜工作時最快樂，白天最靈敏，吃硬不吃軟。

親和性

　　高分者比較相信他人，友善，樂於合作，但是得小心避免別人佔便宜。低分者通常比較有侵略性，好勝心強，在需要意志堅

定與有話直說的情境中表現較好。

神經質

　　高分者比較沒有安全感，容易情緒低落，他們會迴避讓他們感到煩亂的情境，因為那些負面感覺需要好一段時間才會消失。低分者比較放鬆，不情緒化，比較不會沮喪，在別人覺得有壓力的情況下反而表現得更好。

五大人格特質的背後

研究顯示，大腦運作與教養的不同，可能是導致人格基本特質差異的原因。

例如，個性外向與大腦活動的模式有關，如果你打開一個人的顱骨往裡瞧，會看到充滿皺折的組織，那是大腦皮層，這一大塊肉約佔大腦重量的80%，包含一千億個神經元。每個大腦皮層都有不同的預設喚起度，就好像你打開電視時的預設音量一樣。大腦掃描顯示，外向性得分低的人，預設的喚起度較高，所以他們會避免進一步喚起受刺激的大腦，覺得做安靜、可預期的活動最自在。外向性得分高的人正好相反，他們大腦的預設喚起度低，需要持續的刺激，所以他們喜歡和人相處、冒險、衝動行為所帶來的持續刺激。

有些研究是把焦點放在人格與教養的關係上，例如，加州大學的心理學家法蘭克‧蘇洛威（Frank Sulloway）認為，一個人開放的程度，至少有部分是看他在家裡排行老大或老么而定。蘇洛威的理論主張，排行較小的孩子還沒有培養出兄姐的能力與技巧，他們會想辦法以新奇的方式獲得父母的關愛與注意，這也因此讓他們變得比較開放、有創意、不拘泥傳統、冒險、叛逆。蘇洛威為了驗證他的理論，分析了六千多位各行各業的名人傳記，他宣稱證據幾乎完全支持他的看法。他指出美國總統大多在家裡排行老大，例如卡特、布希、柯林頓；革命領袖大多不是排行老大，例如傑佛遜、馬克斯、卡斯楚。同樣的，在科學方面，科學機構的成員通常排行老大，但是提出激進新概念的人通常不是老大，例如達

爾文與哥白尼。如果這理論沒錯，這就是童年經驗的細微差異可能對個性產生極大影響的明顯例子。

卡薩諾瓦效應

把右手伸到自己面前，看看你的食指和無名指，計量他們的長度，你就可以洞悉自己的身心特質。

　　想像你辭掉正職，改行當專業手相師，你花錢買了必要的紫色長袍，在濱海小鎮人來人往的步道邊擺起算命攤，緊張地等候第一位客人。隔了一會兒，一個人走到攤位前坐了下來，請你看手相。你仔細端詳這位陌生人的手，想找出可以透視他人生的跡象。他的手摸起來柔軟，這表示他是白領上班族嗎？指甲咬痕暗示他最近失業嗎？手心長繭表示太常上健身房嗎，還是反映出他急需找個女友？有些心理學家認為，你不去注意皮膚柔軟、指甲咬痕、手心長繭會比較好，你應該把焦點放在他的食指與無名指長度上。他們的主張很特別，讓十八世紀知名的花花公子卡薩諾瓦（Giacomo Casanova）和一些英國知名的足球隊員產生了關聯。

　　卡薩諾瓦在多彩多姿的自傳裡提到，他喜歡和歐洲很多知名的王公貴族、主教、詩人、藝術家往來。他提到有一次和德國名畫家門格斯（Anton Raphael Mengs）相處的情況。兩人見面不久就吵了起來，門格斯指責卡薩諾瓦不遵守教規，卡薩諾瓦罵門格斯是個打小孩的酒鬼。兩人愈吵愈凶，卡薩諾瓦開始批評門格斯的某幅畫作，他說男主角的食指比無名指長，結構上有誤，因為人的無名指應該比食指長才對。門格斯舉起自己的手反駁，

因為他的食指就比無名指長。卡薩諾瓦還是堅持他的主張，他伸出手，顯示他的無名指比較長，宣稱大部分的人都是這樣，還說他的手「就像亞當所有後代的手」。門格斯覺得這樣講是在污辱他，氣得問卡薩諾瓦：「那你覺得我是誰的後代？」卡薩諾瓦回答：「我不知道，但你肯定和我不同種。」兩人吵得不可開交，為此打賭一百枚西班牙金幣，他們馬上把畫家的所有佣人找了過來，看他們兩個人誰對。迅速檢視過所有佣人的手後，發現卡薩諾瓦說的沒錯，而門格斯想到以後他可以宣稱自己有獨特之處，也就釋懷開心多了。

中央蘭開夏大學的演化心理學教授約翰‧曼寧（John Manning）花了大半生涯研究卡薩諾瓦說的手指長度，他主張由此可以透視有趣又重要的人類心理。曼寧和同仁衡量人的食指與無名指長度，用前者除以後者，得出所謂的「2D:4D」比（second digit: fourth digit）。如果食指與無名指剛好一樣長，2D:4D就是1。如果無名指比食指長，比率就小於1。相反的，如果食指比無名指長，比率就大於1。

研究結果證實，卡薩諾瓦說的手指長度型態通常和男性比較有關，男性的2D:4D比平均是0.98，女性是1.00。簡而言之，男性的無名指通常比食指長，女性通常兩隻手指長度差不多。

為什麼是這樣？曼寧解釋，這要回溯至人生一開始的時候，和子宮裡的睪丸酮濃度有關。胚胎剛開始發育的前幾週，可能變成男性或女性。發育六周後，子宮裡的睪丸酮濃度改變，接觸大量睪丸酮的胚胎便發育成男性，接觸少量睪丸酮的胎兒便發育成女性。曼寧主張，睪丸酮也是決定食指與無名指長度的關鍵因

素，睪丸酮濃度高，無名指就比較長。如果曼寧的理論是對的，一個人的2D:4D比就和他在子宮裡接觸的睪丸酮濃度有關，應該可以用來預測他具備男性或女性身心特質的程度。根據這裡論，2D:4D比低的人比較可能展現男性特質，2D:4D比高的人比較可能展現女性特質。

　　這理論頗具爭議性，也引來不少批評。不過，支持者認為，如今有很多研究支持這項論點，有些研究還探討這和體能與體育成績的關係。在一項研究中，研究人員衡量一群男子的手指長，接著請他們做多種體能測試，包括肩上推舉、頂上推舉、仰臥舉重。結果顯示他們預期的關係，2D:4D比低的男性能舉起較重的東西，而且差異頗為明顯。以頂上推舉為例，2D:4D比0.91的人比2D:4D比大於1的人多舉十一公斤。在另一項研究中，研究人員測試學生的短跑速度，結果發現跑百米、八百米、一千五百米的時間都和2D:4D比有關，比率低的人跑得比較快。在另一項驚人實驗中，曼寧和研究團隊設法衡量一些英國足球名將的手指長度，他們到英格蘭冠軍聯賽的百年紀念會現場上，說服三百多位球員影印他們的手，然後再比較他們與對照組的手指長度（對照組是五百多位從未上場玩過足球的男性）。球員的2D:4D比明顯低於對照組。球隊之間也出現顯著的差距，傑出的傳奇人物（包括杜格利殊（Kenny Dalglish）、法蘭西斯（Trevor Francis）、加斯居尼（Paul Gascoigne）與曾經打過世界賽事的球員，2D:4D比特別低。

　　其他研究也顯示，2D:4D效應也會延伸到某些心理特質上。許多研究證實，做「大腦空間資訊處理力」的測試時，男性成績

通常優於女性（或許這也可以解釋女性駕駛開車時比較喜歡轉動地圖）。曼寧的研究也呼應這項結果，他表示他的研究也顯示2D:4D較低的人（亦即有偏「男性」大腦的人）在這方面的表現比較好。他也引述其他的研究指出，在個性方面，研究人員覺得2D:4D較低的女性會展現男性化的特質，例如比較武斷、冒險進取。

曼寧認為，這效果甚至還延伸到音樂上。他指出專業音樂家中，男性人數約是女性的十倍。他主張音樂能力和男性化大腦比較有關，所以技巧純熟的演奏家應該會有特別低的2D:4D比。為了驗證這個說法，他找上知名的英國交響樂團，衡量五十四位男性成員的2D:4D比。交響樂團內某些部分有階級之分，首席樂手是由演奏技巧最好的音樂家擔任。曼寧發現，首席音樂家的2D:4D比的確比其他團員低很多。

想要洞悉你和他人的潛力，或許不用看手相，改看食指與無名指的相對長度還更準一些。

　　有些研究人員認為，從食指與無名指的相對長度可以洞悉你的身心特質。想要迅速做自我評估，就把右手伸到前面，看你的食指與無名指的長度。食指與掌心連接的地方有一些皺褶，把尺刻度是零的地方對準最底下皺褶的中央，量到指尖（不是指甲尖），接著用一樣的方法量無名指。把食指的長度除以無名指的長度，就是2D:4D比。

　　研究顯示，男性平均的2D:4D比是0.98。比率是0.94的人特別男性化，比例1的人比較女性化。女性的平均比率是1，比率是0.98的女性比較男性化，比率是1.02的女性特別女性化。

名人手指

我第一次看到用**2D：4D**比預測運動與音樂能力的研究時，心想同樣的效果會不會也出現在其他領域的名人身上。不過，要衡量名人的手指長度蠻難的，所以我就把這個想法塵封起來了。後來，約莫一年前，我在電視上看到一個開車橫跨美國的節目，節目中有一個場景是在洛杉磯拍攝，他們和好萊塢大道上行走的路人聊天，背景是名聞遐邇的中國戲院，我突然靈機一動。

一九二〇年代起，許多名人在中國戲院前庭的混凝土砌塊上，留下他們的簽名、足印與手印。我心想，能不能從那些手印精確衡量手指的長度，因此發現演藝圈名人的**2D：4D**比？我開始迅速思考：男主角會不會睪丸酮的濃度特別高，所以**2D：4D**比特別低？喜劇演員又是如何呢？他們走紅是因為言語技巧與創意過人，而不是因為長相特別粗獷帥氣，他們的**2D：4D**比會不會比較高？

只不過有個小問題：我在倫敦，那些手印在洛杉磯。向來不讓千里距離阻礙研究的我，便聯絡同事吉姆・盎德當（**Jim Underdown**）。吉姆曾在芝加哥當脫口秀諧星，目前在探索中心（**Centre for Inquiry**）的洛杉磯分部任職，專門推廣超自然現象的懷疑與科學探究，參與多種稀奇古怪的專案，例如探討目睹幽浮的真偽、測試宣稱有通靈能力的人。

我寫電子郵件和吉姆聯絡，問他能不能幫個忙，幫我找一位完全不知道**2D：4D**比的同事，請他拿數位測量器去量混凝土上的手印。吉姆接受我的請託，幾週後，他寫信告訴

我，他買了數位測量器，找另一位研究人員史賓瑟・馬克斯（Spencer Marks）合作，花了幾天，避開地面積水與警衛，終於蒐集了三十七位知名男主角與九位喜劇演員的初步資料。

那些男主角的名單如同電影圈的名人錄，包括保羅・紐曼、布魯斯・威利、強尼・戴普、約翰・屈伏塔、華倫・比提、傑克・尼克遜。之前的研究顯示，一般男性的平均2D：4D比是0.98。男主角的左手與右手平均比率是0.96，這顯示他們的睪丸酮濃度特別高。喜劇演員的陣容也一樣驚人，包括當代最風趣的諧星，例如喬治・伯恩斯、彼得・謝勒、巴勃・霍伯、羅賓・威廉斯。他們右手的平均2D：4D比高達1.01。

這方面的研究仍在初期階段，但最初結果看來相當有趣，頗有看頭。如果這現象是真的，或許就有可能發現有些人是不是真能光看手就洞悉一切。

六十秒內洞悉個性的祕訣

只要幾個簡單的手法就可以看穿一個人：請人聊聊自己的寵物、看車子就知道車主個性、兩手相扣而哪隻手的拇指在上、早睡早起還是晚睡晚起？

聊聊他的寵物

　　幾年前，我做了一項大型的網路研究，探討寵物飼主的個性與寵物之間的可能關係。有兩千多位飼主從幾個面向評估他們與寵物的個性（例如社交、情緒穩定、幽默感等等），他們也透露了養寵物的時間長短。結果發現養魚的人最快樂，養狗的人相處起來最有趣，養貓的人最可靠、感情最敏感，養爬蟲類的人最獨立。怪的是，在評估寵物的幽默感方面也出現明顯的差異。根據飼主評估的資料，62%的狗有不錯的幽默感，相較之下，其他寵物有幽默感的比例是：魚57%、貓48%、馬42%、鳥38%、爬蟲類0%。

　　這些結果也顯示飼主與寵物的個性非常相似。有趣的是，他們的相似性還會隨著飼養時間的拉長而增加，顯示寵物會漸漸感染飼主的個性，或飼主會慢慢受到寵物的影響。多年來，很多飼主堅稱他們的寵物有獨特的個性，我的研究不僅顯示他們可能是對的，也顯示寵物可能是他們的翻版。

　　所以如果你遇到養狗的人，想馬上洞悉他的個性，可以請他

說說他那隻狗的個性。

保險桿貼紙

威廉‧賽稜科（William Szlemko）與同仁猜想，在汽車保險桿與窗戶上張貼貼紙，讓車子看起來更有個人風格的人，可能想傳達強烈的訊息，宣稱那是我的地盤。他們想知道這些駕駛和別人一起開在公用道路上時，會不會比較容易暴怒。為了一探究竟，他們找來數百位受試者，詢問他們在保險桿與窗戶上貼了幾張貼紙，並評估自己開車的莽撞程度。結果顯示，貼較多貼紙的駕駛坦承他們開車比較莽撞，例如比較常緊跟在別人的車後或是橫衝直撞。所以如果你發現前面的車子保險桿與車窗上貼滿貼紙，或許離它遠一點會比較好。

拇指見真章

大腦的運作模式主要分兩種，一種通常稱為右腦模式，比較偏直覺、視覺、創意。另一種通常稱為左腦模式，比較邏輯、順序、語言導向。就好像腦子裡有藝術家和會計師相互爭執一樣，在兩種模式之間切換。每個人都是以兩種模式運作，但都會自然偏向其中一邊。右撇子的人可以用以下的方法，迅速測試自己是右腦型、還是左腦型。兩手合起來相扣，把一隻拇指放在另一隻拇指的上方。右拇指在上的人通常是偏左腦思考，所以語言與分析能力比較強。左拇指在上的人通常是右腦主導，比較擅長視覺、創意、直覺方面的任務。

晨型人或夜貓子

如果你想處在最佳狀況，可以在任何時間起床，你會選擇何時起床？是早上七點、八點、九點，還是十點？晚上又是如何呢，如果你晚上完全沒事，你會選擇幾點就寢？是十點，十二點，還是半夜一點？你的回答透露出你是晨型人（早睡早起），還是夜貓子（晚睡晚起）。最近的研究顯示，你的回答也透露出許多和個性有關的資訊與思惟模式。三百五十幾人的問卷結果顯示，晨型人比較喜歡具體資訊，而非抽象思惟，他們喜歡依靠邏輯而非直覺，比較內向、自制，急於讓人留下好印象。相反的，夜貓子對生活比較有創意，比較願意冒險，獨立，自成一格，有點衝動。

結論：59秒學會10個技巧

　　本書一開始，我提到幾年前我和友人蘇菲共進午餐，蘇菲提到她買了一本教人如何增進快樂的暢銷書，當時我對勵志產業提出了不少質疑。當我滔滔不絕地談論學術界做的快樂研究時，蘇菲客氣地打斷我，提出一個問題，也促成這本書的誕生：有沒有什麼科學證明的技巧可以在一分鐘內幫人改善生活？我不知道答案，但蘇菲的問題激起我的好奇心。我翻閱了無數期刊，看過數千種研究後，發現許多領域的行為學家的確開發了這樣的技巧。

　　蘇菲，以下是我希望當初妳問我時，我就已經知道的十項有趣研究。我想，有一天我應該可以在一分鐘內講完這十項技巧。

培養感恩的心

　　請人列出他們對人生中哪三件事心懷感激，或是上週有哪三件事進行得特別順利，這麼做可以大幅提昇他們的快樂感約一個月，這也可以讓他們對未來更樂觀，有益健康。

在皮夾裡放嬰兒照

　　把微笑嬰兒的照片放在皮夾裡，可以提升皮夾失而復得的機率30%。嬰兒的大眼與圓鼻子可以激發我們內心深處的演化機制，讓人更有惻隱之心，比較可能把皮夾歸還給失主。

在廚房掛一面鏡子

　　在面對多樣食物選擇的人面前放一面鏡子，可以讓他們少吃

32%的不健康食物。看到鏡中的自己會讓他們更在意身材，比較會選擇有益健康的食物。

在辦公室裡擺盆栽

在辦公室裡擺盆栽可讓男性員工多想15%的創意點子，幫女性員工想出更有創意的解決方案。植物也可以幫人減輕壓力，心情變好，進而提升創意。

輕觸他人手臂

輕輕觸碰某人的上臂比較可能讓他們答應你的要求，因為人的下意識會把那觸碰當成一種地位高的象徵。在一項約會研究中，觸碰手臂讓夜店裡答應邀舞的人數多20%，也讓陌生路人給出電話的人數多了10%。

書寫你的關係

情侶與夫妻每週花點時間把內心深處對彼此的想法與感受寫下來，可以提高兩人長相廝守的機率20%。這種「表達性寫作」會讓他們平常和彼此說話時多用正面的語言，讓兩人的關係更幸福美滿。

閉上眼有助於發現對方說謊，最好請對方寫電子郵件

判斷說謊的最可靠徵兆在於用字遣詞，說謊者通常會避免描述細節，說話常嗯嗯啊啊地停頓，也會避免提及自己（「我」、「我的」）。此外，寫電子郵件的說謊機率比講電話少20%，因為文字紀錄比較可能成為別人手中的把柄。

讚美孩子的努力而不是能力

讚美孩子的努力而不是能力（「做得好，你一定費了很多的功夫」）可以鼓勵他們多方嘗試，也就不會害怕失敗了。這也讓他們更願意嘗試有挑戰性的問題，覺得這類問題比較有趣，會私下多練習。

想像自己做某件事，而不是達成某件事

想像自己採取實際步驟以達成目標的人，比光是幻想美夢成真的人更有可能成功。有一種特別有效的技巧是採用第三人的觀點：從別人的觀點想像自己時，比用第一人稱觀點的成功機率高20%。

思考死後留下的形象

花一分鐘想像好友來參加自己的喪禮，想想自己在做人處事與專業上給人留下的印象，這麼做可以幫人找出長期目標，評估自己實踐這些目標的進度。

怪咖心理學之 59 秒的練習，靠表情、姿勢和小動作，輕鬆翻轉工作與人生！
59 SECONDS : Think A Little, Change A Lot

作　　　者	宇佐見啓治	
譯　　　者	林雯	
封 面 設 計	萬勝安	
內 頁 排 版	黃雅藍、高巧怡	
行 銷 企 劃	陳慧敏、蕭浩仰	
行 銷 統 籌	駱漢琦	
業 務 發 行	邱紹溢	
營 運 顧 問	郭其彬	
責 任 編 輯	楊立儀	
總 編 輯	李亞南	
出　　　版	漫遊者文化事業股份有限公司	
地　　　址	台北市松山區復興北路331號4樓	
電　　　話	(02) 2715-2022	
傳　　　真	(02) 2715-2021	
服 務 信 箱	service@azothbooks.com	
網 路 書 店	www.azothbooks.com	
臉　　　書	www.facebook.com/azothbooks.read	
營 運 統 籌	大雁文化事業股份有限公司	
地　　　址	台北市松山區復興北路333號11樓之4	
劃 撥 帳 號	50022001	
戶　　　名	漫遊者文化事業股份有限公司	
三 版 一 刷	2023年4月	
定　　　價	台幣420元	

Copyright © 2009 by Richard Wiseman
This edition arranged with PEW Literary Agency Limited
through Andrew Nurnberg Associates International Limited
All rights reserved.

國家圖書館出版品預行編目 (CIP) 資料

怪咖心理學之 59 秒的練習，靠表情、姿勢和小動
作，輕鬆翻轉工作與人生！/ 李察. 韋斯曼(Richard
Wiseman) 著；洪慧芳譯. -- 三版. -- 臺北市：漫遊者
文化事業股份有限公司出版：大雁文化事業股份有限
公司發行, 2023.04
　　面；　公分
譯自：59 seconds : think a little, change a lot
ISBN 978-986-489-764-3(平裝)
1.CST: 成功法 2.CST: 自我實現
177.2　　　　　　　　　　　　　　　112002112

ISBN　978-986-489-7643
有著作權 · 侵害必究
本書如有缺頁、破損、裝訂錯誤，請寄回本公司更換。
原書名：怪咖心理學（2）：59 秒啟動正能量

漫遊，一種新的路上觀察學
www.azothbooks.com
 漫遊者文化

大人的素養課，通往自由學習之路
www.ontheroad.today
遍路文化 · 線上課程